図説 労働の論点

高橋祐吉＋鷲谷 徹＋赤堀正成＋兵頭淳史［編］

はじめに——働くことと生きること

　私たちは、特段の事情がなければ、学校を卒業したあと世の中に出て生活のために働くことになります。つまり、生きるために働くわけです。その期間は、男子の大学生の場合であれば、22歳から65歳ぐらいまでは続くので、優に40年を越えることになるはずです。日本の一般の労働者の場合、平均すると1年間に240日ほど出勤し、2000時間ほど働いています。この2000時間という数字には、俗にサービス残業と呼ばれている不払いの労働時間が含まれていないので、実際に働いている時間は2200時間を超えているというデータもあります。こうした数字から浮かび上がってくるのは、人々の人生にしめる労働というものの圧倒的な存在感です。

　そのことを、日々の暮らしからも確認してみましょう。労働基準法では、休憩時間を除いて1週間について40時間、1日について8時間を超えて労働させてはならないことになっていますが、この労働時間の上限どおりに働くことのできる労働者は、今日の日本ではきわめて恵まれた存在でしょう。慢性的ともいえる残業が日々あるので、実際に働いている労働時間はそれよりもずっと長くなります。これに、半ば拘束された休憩時間や勤務に不可欠な往復の通勤時間を加えてみれば、平日などは、起床から就寝までの時間のほとんどを、働くことに費やしていると言っても言い過ぎではないでしょう。一見すると、働くために生きているようにさえ見えなくもありません。

　これだけ長い期間にわたって、しかも長い時間働いているということは、生きるために働くという人間の営みが、それ自体として生きることの最重要の部分を占めていることをも示しています。そうであるならば、できれば手ごたえのある労働に従事し、生き生きと働きたいと願うようになるのは、人間としての必然の成り行きでしょう。しかしながら、生きるために働いているはずなのに、過剰な労働を強

いられて過労死したり、仕事のストレスからうつ病を発症して健康を損ねることさえあります。あるいは人間らしく生きるために働きたいのに、まともな仕事に恵まれないために、やむをえず低賃金の不安定な仕事に就かざるをえなくなることも多いのです。40歳を過ぎて職を失ったら、これまでと同じような仕事に就くことはほとんど不可能です。まさに本末転倒の陰鬱な事態だと言わなければなりません。こうした事態が珍しくないからこそ、私たちは仕事のありように不安を抱くとともに、絶えず大きな関心を寄せざるをえないのです。

　こうした時代状況が出現したのは、働くことは生きるためでもあり、そしてまた生きることでもあるというあまりにも自明の事実の重要性を、私たちが忘れつつあるからでしょう。現代においては「仕事はもはや自己、アイデンティティ、生活設計の足場にはなり得ない。それは社会の倫理的基礎とも、個人生活の道徳的基軸ともみられなくなった」（ジークムント・バウマン）といった主張や、人々は「物語的主体」となることを阻まれて「漂流する個人」（リチャード・セネット）となったといった主張もあります。しかしながら、働くことをつうじて人生の物語を紡いでいかざるをえない人々は、仕事への強く深い関心から逃れることはできません。省みられるべきは、「仕事は多くの者にとって、出発点として未来の掌握を可能にする安定した土台として考えられているのではなく、むしろ不安というかたちで経験されており、極端な場合には惨事として経験されている。とはいえ、有職中であれ失業中であれ、安定した職であれ不安定な職であれ、現代人の大多数の運命を今日においても左右しているのは、依然として仕事である」（ロベール・カステル）といった主張の方ではないでしょうか。

　日本の若者は、諸外国の若者と比較してみると、自己を肯定的にとらえている者や自分に誇りを持っている者の割合が低いうえに、うまくいくかわからないことに対し意欲的に取り組むという意識も低く、つまらないのでやる気が出ないと感じる若者が多いという調査結果があり

ます。自らの将来に明るい希望を持つことが難しくなっているからでしょう。職場の満足度に関しても諸外国よりも低く、さらには働くことに関する現在または将来への不安が多くの項目で高くなっています。こうした若者の現状は、仕事を「社会の倫理的基礎」とも「個人生活の道徳的基礎」ともみなさなくなった社会、「漂流する個人」が形成する物語なき社会の結末を、先取りして示しているのかもしれません。

このような社会に噴出するのは、反社会的なあるいは非社会的なそしてまた脱社会的な行動の連鎖です。格差が拡大し貧困が蔓延した社会、仕事が「惨事として経験」される社会が、統合の危機を招いてきたことは、近年の諸事件を通じて私たちが学んだところではないでしょうか。企業への従属や市場における競争のみで、生きるに値する良質な社会が形成されるはずもありません。「企業社会」や「市場社会」を漂流するだけの状況から離脱することが必要です。人間らしく働くことを基軸に据えた「市民社会」に転換していくためには、働くことを人生そのものとしてとらえ直すなかで、「未来の掌握を可能にする安定した土台」をもった社会を再構築していくしかありません。そして、希望はそこにこそあるのです。

就職活動に翻弄されているかのように見える現代の若者たちが、あるいはまた社会で苦闘を余儀なくされている人々が、本書を手にすることによって、自らの人生を左右することになる労働問題に興味を持ち、その理解を深めてもらえるならば、著者たちの願いは達成されたことになります。読者の皆さんからの忌憚のないご意見を聞かせていただければ幸いです。

〈高橋祐吉〉

[参考文献]

ジークムント・バウマン（森田典正訳）『リキッド・モダニティ』大月書店、2001年。
リチャード・セネット（森田典正訳）『不安な経済／漂流する個人』大月書店、2008年。
ロベール・カステル（北垣徹訳）『社会喪失の時代―プレカリテの社会学―』明石書店、2015年。
内閣府『子ども・若者白書』（平成26年版）。

はじめに──働くことと生きること・・・・・・・・・・・・・・・・・・・・・・・・・・・・・・・3

第1章
「働く」ことを見直す

1 「働く」ということ・・・・・・・・・・・・・・・・・・・・・・・・・・・12

2 「働けない」ということ・・・・・・・・・・・・・・・・・・・・・・18

3 「働かない」ということ・・・・・・・・・・・・・・・・・・・・・・24

4 終身雇用はどう変わったのか・・・・・・・・・・・・30

5 増え続ける非正社員・・・・・・・・・・・・・・・・・・・・・・・・36

6 急がれる地位の改善・・・・・・・・・・・・・・・・・・・・・・・・42

第**2**章
若者の働き方を考える

1	キャリア教育の落とし穴	50
2	広がる「名ばかり」正社員	56
3	若者と転職	62
4	フリーターという働き方	68
5	まん延する「ブラック」企業と若者	74
6	やりがいかそれとも労働条件か	80

第**3**章

ワークルールを学ぶ

1	働く、そして暮らす	88
2	エンドレス·ワーカーでいいのか	94
3	「不払」残業はなぜまん延しているのか	102
4	長時間労働の悲劇	108
5	ホワイトカラー·エグゼンプションは必要か	114
6	安全で健康に働く権利	120
7	賃金はどう決められるのか	126
8	年功賃金は時代遅れなのか	132
9	最低賃金で暮らすことは可能か	138
10	女性はなぜ差別されるのか	144
11	「同一労働同一賃金」と「同一価値労働同一賃金」	150

第**4**章

ユニオンを活用する

1 職場の不満やトラブルをどうするか ……… 158

2 労働組合はどこへ行ったのか ……… 164

3 「クミアイ」と「ユニオン」は違うのか ……… 170

4 パワハラ・セクハラとユニオン ……… 176

5 若者たちとユニオン ……… 182

6 労働組合はどのように生まれたのか ……… 188

おわりに──ディーセントな働き方が未来を拓く ……… 194

「働く」ことを見直す

◉いきいきと人間らしく働くことが、あまりにも難しい時代となってきました。そうした「時代閉塞の現状」(石川啄木) を理解するためには、働くことの意味や意義をあらためて考え直し、働くことを人間の大事な営みとしてとらえ直すことが必要です。この章では、そうした視点にたって、雇用をめぐる基本的な論点を明らかにしています。

◉世の中には、働きたいと思って職探しをしているにもかかわらず、仕事を見つけることができない人がいます。いったん正規の職を失うと簡単にはまともな職に就けない社会となっているからです。こうした社会を転職社会などとよぶことはできません。また職探しをしていない人のなかにも、働くことを希望している人がいます。育児などで働くことを断念せざるをえなかった女性や無業の若者などです。そうした人々の就業を社会的に支援していくことが求められているのです。

◉終身雇用が批判されているにもかかわらず、現実には勤続年数は長くなっており、働く人々の支持も高まっています。人々がいかに雇用の安定を望んでいるかがよくわかります。しかし他方では、新たなビジネス・モデルのもとで非正社員が急増し、家計自立型や不本意型とよばれる非正社員も数多く生まれています。「就業形態の多様化」がもたらしたものは、「絶望の非正規」(『週刊東洋経済』2015年10月17日号) だったのかもしれません。早急に非正社員の地位の改善に取り組まなければ、個人消費の低迷を脱することはできず、社会の亀裂はさらに深まるでしょう。

① 「働く」ということ

仕事、職業、雇用

●よりよく生きるための活動としての労働

現代社会において人間が生きていくためには、じつにさまざまな財やサービスを消費し続けなければなりません。たとえあなたが「清貧」を愛し、持たない暮らしをめざすミニマリストであったとしても、それなりの消費は不可欠です。もっとも、「それなり」の中身は時代によって変化しているので不変ではありません。聖書には「人はパンのみにて生くるにあらず」とあって、物質的な欲望の充足を超えて宗教的な世界においても生きることが人間の証であるとされていますが、現実の労働問題を理解する際に重要となるのは、人間はパンなしでは生きていくことができないといういささか身もふたもない現実です。では、パンすなわち私たちが日々消費し続けている財やサービスは、いったいどこから生まれてくるのでしょうか。それは、さまざまな人々がさまざまな職業に就いて働くことによって生み出されるのです。言い換えるならば、消費の前提となるのは生産であり、その生産のための活動は労働によって支えられているということになります。

その意味では、労働とは、私たちが自らの生活を維持し発展させるために、すなわちよりよく生きるために、外界に働きかけて財やサービスを生み出す活動だということになります。しかしながら、生きるために必要な財やサービスを、一人の人間ですべてつくりだすことはできません。私たちは孤立した世界で生きていくわけにはいかないのです。したがって、労働は私たち一人ひとりの活動であるとともに、企業内での分業や国内での分業、さらには国境を越えた国際的な分業の網の目に組み込まれて、数多くの他者と関わりを持った活動となってい

す。社会は、こうした分業の網の目を土台としてその上に成り立ち、維持されているのです。

　私たちの生存と社会の維持にきわめて重要な意味をもつ労働は、憲法では「勤労」と表現されて、27条1項には、「すべて国民は、勤労の権利を有し、義務を負ふ」と書かれています。ここで重要なのは「勤労の権利」の方であって、後半の勤労の義務に関する規定にはそれほど重要な意味はありません。というのは、「意に反する苦役」を禁止する憲法18条との関係からいっても、国が国民に労働を義務づけることはできないからです。「勤労の権利」が国民の国に対する具体的な請求権を意味するものではないのと同様に、ここでいう義務は、国民に対して「働く」ことを強制する権利が国に生ずるといったものではありません。それゆえ、人はすべからく働くべきであるという一種の精神的な規定であると解されているようなのですが、そうした規定があえて設けられているのは、働くことが人間の生存と社会の維持に深くかかわっているという現実があるからでしょう。

●仕事・職業・雇用をめぐって

　このように、人間と社会にとってきわめて重要な活動であるからこそ、労働はじつにさまざまに表現されています。労働というといささか硬い表現になりますが、普段は主に働き方に着目した仕事という表現の方がよく使われます。きつい仕事、らくな仕事、頭を使う仕事、面白い仕事と仕事にもいろいろあります。ところで、私たちの働き方も多様ですが、仕事の中身も職業によってかなり異なってきます。今日では、多くの人々は日々なんらかの仕事をし、その対価としての収入を得て生活を支えているわけですが、そこでの仕事の具体的な中身に着目すると、職業という表現になります。職業とは、生計を維持するためにおこなわれる継続的で有用な活動をいい、日本の職業分類では、大分類で12の職業に区分されています。この間の動向で注目されるのは、専門的・技術的職業や、管理的職業、事務、販売といったホワイトカ

図説　労働の論点　**13**

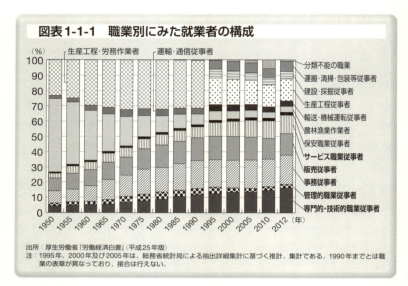

ラーの職業に従事する人々が増えて、就業者の5割を超えたことです[→**図表1-1-1**]。

　毎日働くといっても、家事や育児、ボランティア活動などの収入をともなわない労働（こうした労働は無償労働とも呼ばれます）は、たとえ人間が生きていくにあたって重要な活動であったとしても、職業とはいいません。職業には天賦の才を生かした天職ともいえるようなものもないわけではありませんが、そうした職業に就くことのできる人は少数であり例外でしょう。その対極には、「年齢、学歴、経験」不問の、つまりだれでもかまわないような職業もあります。一応のまとまりのある成果を生み出す仕事が職業ですが、それよりも小さな範囲の仕事は職務となります。仕事が細分化され単純化されればされるほど、いつでもだれとでも代替可能となっていくので、「職業に貴賎はない」とは言うものの、代替可能性の高い職業の社会的な評価は低くならざるをえません。

　また今日の社会では、多くの人々は収入を得るために他人に雇われて働くことになるので、雇用という概念がきわめて重要となってきます。

就職活動で苦労するのは、私たちは雇われなければ働くことができないからです。雇われれば、私たちは労働者となり、経営者の指揮・命令・監督のもとで時間を決めて働くことになります。雇用関係は、形式上は自由で平等な関係のように見えますが、その中身を見ると管理と支配の関係を必ずともなっています。雇われる側に働かない自由はありませんし、雇われてからは自分の意思にもとづいて自由に働くことはできませんから、雇用関係は不自由で不平等な関係とならざるをえないのです。雇用先はさまざまですが、それらは大きく20の産業に分類されています。この間の動向で注目されるのは、生産拠点の海外移転もあって製造業で働く人々が1000万人を切り、いまや卸売・小売業が最大の産業となったことであり、さらには医療・福祉産業で働く就業者数が急増していることです［→**図表1-1-2**］。

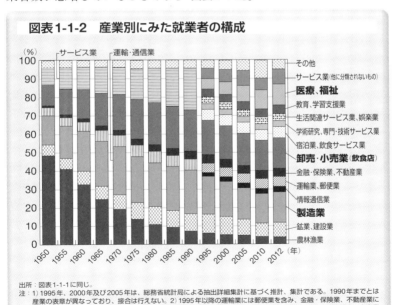

出所：図表1-1-1に同じ。
注：1）1995年、2000年及び2005年は、総務省統計局による抽出詳細集計に基づく推計、集計である。1990年までとは産業の表章が異なっており、接合は行えない。2）1995年以降の運輸業には郵便業を含み、金融・保険業、不動産業には物品賃貸業を含む。また、飲食店、宿泊業は宿泊業、飲食　サービス業としている。3）1990年までの卸売・小売業には飲食店を含む。4）2010年は「労働者派遣事業所の派遣社員」を派遣先の産業に分類していることから、派遣元である「サービス業（他に分類されないもの）」に分類している他の年との比較には注意を要する。

●よりよく生きるための働き方とは

　私たちが従事する労働が知的であったり、専門的であったり、やりがいにあふれた仕事となることが望ましいには違いありません。しかしながら現実には、世の中には長くてきつくて骨の折れる仕事があまりにも多いのです。公共職業安定所（ハローワーク）に登場する求人の多くはそうしたものでしょう。生きるための労働によって社会の根幹が支えられているという大前提は、いつの時代のどの社会においても揺らぐことはありません。たとえば、日雇いで働く人々などは、その就いている仕事の多くがスポット的で細切れの肉体作業であり、人の出入りが激しいこともあってお互いに名前を知ることもなく、仕事の場での会話さえも成立しないとのことです。そこにあるのは、文字どおり賃金を得るための苦役としての労働です。

　労働はよりよく生きようとする人間の営みですが、それだからこそ、よりよく生きるにふさわしい働き方が求められることにもなります。労働基準法の第1条で、「労働条件は、労働者が人たるに値する生活を営むための必要を充たすべきものでなければならない」と定められているのもそれ故です。比較的安定した雇用関係があり、職場の同僚を仲間として意識でき、それなりの労働条件のもとで、少しは幅や深みや面白味のある仕事に従事できるならば、私たちは労働を通して、人と人や人と社会のつながりを感じ、さらには、働くことを通してやりがいや達成感などを感じることもできるようになるでしょう。現実にはその違いがきわめて大きく、誰もが同じようにやりがいや達成感を感じているわけではもちろんないのですが、それにもかかわらず、私たちはそうした願望を抱きながら働いているのです［→**図表1-1-3**］。

　そうだとすると、人々は働くことによって社会的承認を獲得するとともに自己実現を図ろうとしていることにもなります。働くことは収入を得るための「手段」でもあり、社会的承認を受けるための「契機」でもあり、自己実現のための「領域」でもあるといえるかもしれません［→**図表**

図表1-1-3 理想の仕事の条件

1973年	1978年	1983年	1988年	1993年	1998年	2003年	2008年	2013年
①健康	①健康	①健康	①健康	①仲間	①仲間	①仲間	①仲間	①仲間
28%	22%	21%	20%	21%	21%	20%	21%	20%
②専門	②失業	②専門	②仲間	②健康	②健康	②専門	②専門	②失業
15%	18%	19%	20%	18%	20%	18%	18%	19%
②仲間	②専門	②仲間	②専門	②専門	②専門	②失業	②健康	②専門
15%	16%	17%	18%	17%	18%	17%	17%	18%
②失業						②失業	②健康	
11%						16%	16%	

出所：NHK放送文化研究所編『現代日本人の意識構造［第8版］』2015年。
注：「理想の仕事の条件」として一番目にあげられた項目の割合が高い順に3項目まで示してある。
〈仲間〉仲間として楽しく働ける仕事、〈専門〉専門知識や特技が生かせる仕事、〈健康〉健康をそこなう心配がない仕事、〈失業〉失業の心配がない仕事

図表1-1-4　新入社員の会社選択の理由

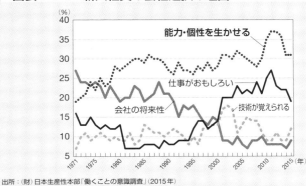

出所：(財)日本生産性本部「働くことの意識調査」(2015年)

1-1-4］。この3つの側面の組み合わせはさまざまで、労働条件や仕事内容、職場の人間関係などによって、かなりバラエティーに富んだものとなるわけですが、労働条件が劣悪であっては働き続けることすら難しくなるので、そうしたところには、当然ながら社会的承認も自己実現も成立することはありません。　　　　　　　　　　　〈高橋祐吉〉

[参考文献]
町田俊彦編『雇用と生活の転換』専修大学出版局、2014年。
宮嵜晃臣・兵頭淳史編『ワークフェアの日本的展開』専修大学出版局、2015年。
西谷敏『人権としてのディーセントワーク』旬報社、2011年。

2 「働けない」ということ

「人手不足」の到来？

●失業者とはどんな人々か

　雇われて働く人は雇用者であり、雇われないで働く人は自営業主や家族従業者として区分されていますが、そうした違いを別とすれば、働く人々はすべて就業者と呼ばれています。しかし他方では、働きたいと思っているにもかかわらず働くことができない状態の人もいて、そうした人は失業者と呼ばれます［→**図表1-2-1**］。毎月月末には前月の失業者数や失業率が公表されていますが、その数字を完全失業者や完全失業率と言います。完全と付くのは、仕事をしていない人が失業者なのではなく、職探しをしているにもかかわらず仕事を見つけられない人のみが失業者とされ、失業率が算定されているからです。もう少し正確に紹介すれば、完全失業者の定義は次のようになります。①仕事がなくて、②調査期間中（月末の1週間）に少しも仕事をしなかった者のうち、③就業が可能で、④これを希望し、⑤かつ仕事を探していた者、および⑥仕事があればすぐつける状態で、⑦過去におこなった求職活動の結果を待っている人（このうち主要な指標となっているのは①と③と⑤です）のことです。

　現に働いている就業者は、たとえうんざりしながら働いていたとしても、働く意志を持っているとみなされているわけですが、完全失業者も職探しをしているのですから、就業者と同様に働く意志を持っている人ということになります。この両者を合計した人数が労働力人口と呼ばれており、労働力人口に占める完全失業者の割合が完全失業率ということになります［→**図表1-2-2**］。この完全失業者のプールにはいつも人の出入りがあり、比較的短期のうちに次の仕事につくことができる

18　第1章—「働く」ことを見直す

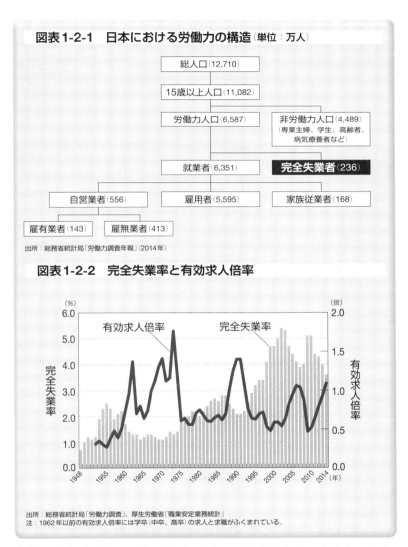

人もいますが、なかには、長期にわたって失業したままの人もいます。失業期間が1年以上におよぶ完全失業者は、長期失業者と呼ばれています。中高年の失業者の場合、いったん働けない状態に陥ると働きた

いと思っていても次の仕事を見つけることがきわめて難しく、長期の失業者になりやすいのです。

完全失業者のなかには、仕事をやめたために求職している人と、新たに求職している人がいます。仕事をやめたために求職している人は、「非自発的な離職」による人と「自発的な離職」による人（自分または家族の都合により前職を離職した人）からなります。「非自発的な離職」に関していえば、リーマン・ショック時には大規模な「派遣切り」が大きな社会問題となりましたが、切られるのは非正社員だけではありません。近年では電機産業における大規模なリストラが発生したり、正社員に対する「退職勧奨」（経営側が、労働者に自ら辞職するよう求めること）が日常化し広がっているからです。非正社員の増大によって長期雇用慣行は限定的になりましたが、正社員への「退職勧奨」の広がりなどによって、狭められた慣行の中身自体がかなり薄められてきています。「追い出し部屋」（社員を退職に追い込むために配属させる部署）に押し込められたり、嫌がらせの転勤を押し付けられた人は、やむをえず「自発的」に会社をやめて完全失業者に移行していくのです。「自発的な離職」によって失業している人のすべてを、本人のまったくの自由な意思にもとづいて離職した人ででもあるかのようにとらえるのは皮相な理解と言うべきでしょう。

●**雇用保険を受給できない失業者**

ところでもしかすると、「自発的な離職」によって完全失業者となった人は、雇用保険を当てにして仕事をやめたり、雇用保険があるために仕事を選り好みしていつまでも働かない人なのではないかと考える人がいるかもしれません。だがはたしてそうでしょうか。無味乾燥な仕事内容、劣悪な労働条件、見えない将来展望などが、働く人々を「自発的な離職」に追い込んでいる可能性は十分にあります。完全失業者は雇用保険を受給しているはずだと思っている人が多いのですが、実際はそうではありません。完全失業者の約8割は、雇用保険を受給することができないまま職を探しているからです[→**図表1-2-3**]。社会保険に未

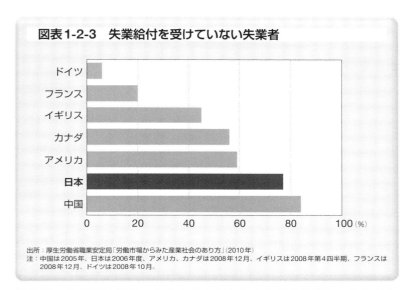

加入だった非正社員は、そのためにともかくも早く仕事につかなければならなくなり、再び非正社員として働かざるをえなくなるのです。製造業派遣や清掃、警備、倉庫業務などの非正社員の仕事であれば、すぐに見つかるからです。これで完全失業率は下がることになるわけですが、それだけで人々の暮らしが改善されたとは言えないでしょう。

完全失業者となった人がなかなか仕事を見つけられないでいることは先にふれましたが、では彼／彼女らはどんな理由で仕事を見つけることができないのでしょうか。「希望する種類・内容の仕事がない」と答えた人が最も多く、「求人の年齢と自分の年齢とがあわない」、「条件にこだわらないが仕事がない」と続いています。失業している人は、これまで身につけた知識や経験、技能を生かせる仕事につきたいと考えるはずですが、そうした仕事は簡単には見つけられないし、40代に入ると年齢が壁となってそれだけで新しい仕事に就くことがきわめて難しくなっているのです。完全失業者のなかには、正規雇用の仕事を探している人が半数以上いるし、いても当然なのですが、そうした仕事は

なかなか見つからないのです。いったん職を失うとそう簡単にはまともな職に就けない社会を、転職社会などと美化することはできません。

●雇用環境はどこまで「改善」したのか

正社員の仕事が見つけられない場合は、ワーキングプアになることを覚悟して非正社員の仕事に就くか、それさえ難しければ職探しをあきらめることになります。不本意ながら非正社員で働く人々は、統計上は就業者となるので完全失業者からは除外され、職探しをあきらめた人は、求職意欲喪失者ということで非労働力人口に区分されるので、こちらは失業者からも労働力人口からも除外されることになります。職探しをあきらめた場合には、日雇いの仕事に就かざるをえなくなり、徐々にホームレスに近づいていくことにもなるのです。しかしながら、不本意な非正社員も求職意欲喪失者も、ともに半ば失業者とみなされるべき存在なのではないでしょうか。こうした人は潜在失業者などとも呼ばれており、統計上は完全失業者からは除外されているのですが、そうした処理によって、統計上の失業率は実態から乖離していくのです[→**図表1-2-4**]。

完全失業者を減らして完全雇用をめざすことは、経済活動の重要な目標でもあります。そのために、完全失業率の動向には大きな関心が払われるわけですが、この完全失業率とともに、労働力の需給バランスを示すもうひとつの大事な指標となっているのが有効求人倍率です[→**図表1-2-2**]。この数値は、ハローワークをつうじて仕事を探している求職者一人に対して、企業側からの求人数がどれだけあるかを示したものです。したがって、求人数を求職者数で除した値が、1より大きければ求職者よりも求人数の方が多く、1より小さければ求職者数よりも求人数の方が少ないということになります。ちなみに、「有効」とつくのは、求人や求職の申し込みには通常2カ月の有効期限があるので、その効力が存続しているもののみに限定して倍率を算定しているからです。

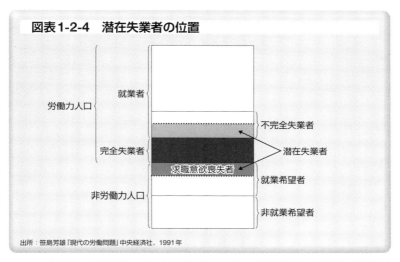

出所：笹島芳雄『現代の労働問題』中央経済社、1991年

　この有効求人倍率も、完全失業率とともに毎月月末に前月の数値が公表されています。この倍率を見る場合にも注意が必要です。なぜかというと、ここでの求人数には正社員だけではなく非正社員も含まれており、非正社員の求人の方がかなり多くなっているからです。「正社員有効求人倍率」（正社員の有効求人数をパートタイムを除く常用の有効求職者数で除して算出したもの）に限定してその推移をながめてみると、2014年度でも0.68で依然として1を大きく下回っており、じつはそれほど改善しているわけではないのです。正社員の仕事がないがために、不本意ながら非正社員で働いている人々は、今日でも300万人を優に超えています。こうした現実を踏まえると、非正社員を込みにした有効求人倍率の動向のみでもって、雇用環境の改善やら人手不足やらを喧伝するのは、なんとも早計に過ぎるのではないでしょうか。

〈高橋祐吉〉

[参考文献]
総務省統計局「労働力調査年報」。
厚生労働省「職業安定業務統計」。
朝日新聞経済部編『限界にっぽん――悲鳴をあげる雇用と経済』岩波書店、2014年。

3 「働かない」ということ
遠ざかる「参加」と「活躍」

●M字型カーブはなぜ「改善」したのか

　働く人と働けない人のことを見てきたので、次に働かない人のことを取り上げてみましょう。2014年のわが国の総人口は1億2710万人ですが、そのうち働くことが可能なのは、15歳以上の1億1082万人となります（労働基準法56条では、15歳未満の年少者の使用は禁止されています）。この1億1082万人は、働く意志を持った人（働いている就業者と職を探している完全失業者）と、そうした意志を持たない人に分けられます。働く意志を持った人のことを労働力人口と呼ぶことは第1章2でふれましたが、それ以外の意志を持たない人、つまり、仕事もしていないし探してもいない人のことを非労働力人口と呼んでいます。これらの人は、おもに学業に専念する学生や家事・育児・介護に専念する主婦、病気やけがなどで働けない人、高齢となって労働市場から引退した人などからなります。2014年の非労働力人口は4489万人ですが、男性が1581万人なのに対し女性が2908万人なので、働かない人は大きく女性に偏っていることがわかります。

　15歳以上人口に占める労働力人口の割合が労働力率です。この労働力率は性と年齢によって大きく異なっています。よく知られているように、年齢別の労働力率は、男性の場合は逆U字型、女性の場合はM字型のカーブを描いています。労働力率が変化しやすいのは若者や女性や高齢者です。高学歴化が進むと若者の労働力率は下がり、女性が労働市場に進出するようになると女性の労働力率が上がり、高齢者の就業機会の有無や年金制度のあり方などに影響されて高齢者の労働力率が変化します。近年注目されているのは女性の労働力率の変化です。

24　第1章―「働く」ことを見直す

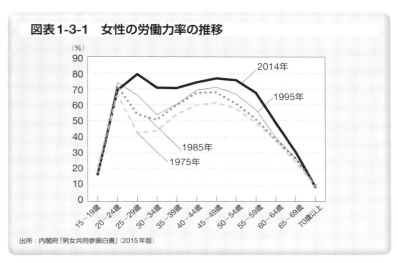

図表1-3-1　女性の労働力率の推移

出所：内閣府『男女共同参画白書』(2015年版)

M字型カーブの谷の落ち込みが徐々に小さくなってきているからです。一見すると、女性が働き続けやすくなってきたようにも思われますが、出産による退職が依然として6割近くに達しているので、働き続けている女性が増えたというわけではありません。晩婚化や未婚化そして生活困難の増大による女性の非正社員化の進行が、M字型カーブを変化させているのでしょう［→**図表1-3-1**］。

●**非労働力人口のなかの就業希望者**

　非労働力人口は職探しをしていない人なので、自発的に働かないことを選択している人ばかりのようにも見えます。もしもそうであれば、働かないという選択になんの問題もないのですが、現実はそう単純ではありません。非労働力人口4489万人のうち、就業を希望していない人(就業非希望者)は3965万人で9割近くを占めていますが、419万人(男性116万人、女性303万人)もの人は、求職活動はしていないものの働くことを希望している人(就業希望者)なのです。つまり、働かないという選択をしたように見える人のなかに、働きたいという希望を持った人が含まれているのです［→**図表1-3-2**］。こうした非労働力人口のなかに存在する就

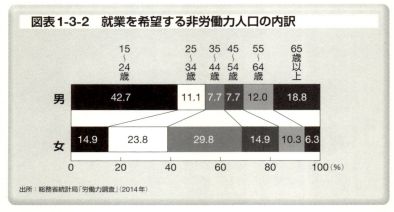

業希望者は女性に多いのですが、ニートやひきこもりと呼ばれたりもするような、働くことに困難を抱えている若者の場合もあります。

働きたいという希望を持っていたにもかかわらず、ではなぜ彼／彼女らは求職活動をしなかったのでしょうか。就業を希望している人があげている理由は、「適当な仕事がありそうにない」であったり、「家事・育児のため仕事が続けられそうにない」であったり、「健康上の理由」であったりします。ここで気になるのは、「適当な仕事がありそうにない」という理由の中身です。内訳を見ると、「勤務時間・賃金などが希望にあう仕事がありそうにない」であったり、「近くに仕事がありそうにない」であったり、「自分の知識・能力にあう仕事がありそうにない」であったり、「今の景気や季節では仕事がありそうにない」であったりします。こうした理由をあげた人の多くは、仕事を探してはみたものの、適当な仕事が見つからないので職探しをあきらめたということなのでしょう。

「適当な仕事がありそうにない」という理由で求職活動をしなかった就業希望者124万人のうち、「仕事があればすぐつける」と答えた人は43万人いて、そのなかには「過去1年間に求職活動をしたことがある」人が27万人います。この27万人（もう少し広くとれば43万人）は、求職活動

をしていなかったので、統計上は非労働力人口にカウントされているとはいうものの、完全失業者にかなり近い人なのです。求職意欲喪失者とはこうした人のことを言います。学生のなかにも、就活という求職活動を続けてもなかなか就職先が決まらないために、一時就活を中断したりする人が見受けられますが、求職意欲喪失者はそうした学生と似たところがあります。働かない人のすべてが働きたくない人ではないことに、注目しておかなければなりません。

●**若年無業者に求められる自立支援とは**

　非労働力人口の動きでもう一つ注目されているのは、ニートやひきこもりと呼ばれたりする若年無業者の動向です。「労働力調査」では、15～34歳の非労働力人口のうち、家事も通学もしていない人を若年無業者と呼んでいますが、その数は56万人にも達しています[→**図表1-3-3**]。これらの人々は、当該年齢層の人口2674万人の2.1％を占めています。無業のまま時間が経過すれば、若年無業者は大人の無業者になっていきます。今日でも、統計には現れない大人の無業者がかなりの数いるはずです。こうした就労が困難な人は、やる気のない若者や、働く気のない大人だと批判されがちですが、そうした理解はどこまで正し

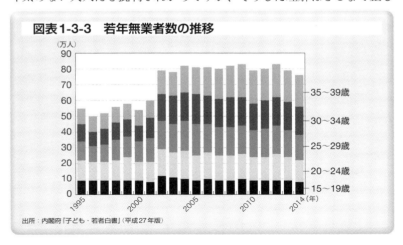

図表1-3-3　若年無業者数の推移

出所：内閣府『子ども・若者白書』（平成27年版）

いのでしょうか。

　彼らの実態をあきらかにした各種の調査をながめてみると、次のようなことがわかってきます。働いている若者と比較すると、就労が困難な若者の職業観が否定的な傾向を示していることは間違いありませんが、その違いはあくまでも相対的なものにすぎず、働いている若者のなかにも働くことに対して否定的な回答が、逆に就労が困難な若者のなかにも、働くことに対して肯定的な回答が、ともに無視できない割合で存在しているのです。加えて指摘しておけば、正社員で働いた経験のある人は少ないものの、就労が困難な若者の多くは過去に働いた経験があります。こうしたことからもわかるように、就労が困難な若者は、もともと働く意欲を持っていないなどとはとても言えません[→**図表1-3-4**]。

　厚生労働省の「ニート調査」(2007年)や内閣府の「ひきこもり調査」(2010年)も明らかにしているように、彼／彼女らは早期に学校を退学したり、低所得家庭の出身者であったり、心身の疾病や障害を抱えていたり、社会的孤立の状態にあるなど、さまざまな困難を抱えている若者なのです。コアの部分には、社会との関係性を断ち切られてしまって活動のレベルが低い状態にある若者もいますが、彼／彼女らの多くは、非正社員と失業と無業の間を行き来していることを忘れてはなりません。言い換えれば、彼／彼女らはフリーターとして働く若者でもあり、転職に失敗して働けない若者でもあり、求職意欲を失って働かない若者でもありますが、こうした若者を、「自己責任」論を振りかざして社会から排除するだけでは問題は何一つ解決しません。

　無業の若者の実像から浮かび上がってくるのは、彼／彼女らに対する適切な就労支援の必要性です。働く希望を持っていても働けない若者たちを社会から排除するのではなく、パーソナルなサポートを通じて社会に包摂していくことが求められているのです。非労働力人口のなかには、無業となって社会から排除されている人々が存在している

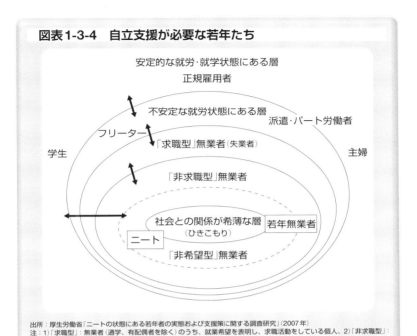

図表1-3-4　自立支援が必要な若年たち

出所：厚生労働省「ニートの状態にある若年者の実態および支援策に関する調査研究」(2007年)
注：1)「求職型」：無業者(通学、有配偶者を除く)のうち、就業希望を表明し、求職活動をしている個人。2)「非求職型」：無業者(通学、有配偶者を除く)のうち、就業希望を表明しているが、求職活動はしていない個人。3)「非希望型」：無業者(通学、有配偶者を除く)のうち、就業希望を表明していない個人。4)「ニート」：ニートという概念が最初に生まれたイギリスでは「NEET」(Not in Employment, Education or Training)とは「16～18歳の、教育機関に所属せず、雇用されておらず、職業訓練に参加していない者」と定義され、日本のような「働く気のない若者」というイメージは無いと言われている。

ことを見逃してはなりません。無業であることは、「孤立」や「無縁」と結び付きやすいので、もしもこうした人々を社会から排除し放置し続ければ、隠された貧困が沈殿し固定化していくことになるでしょう。「全員参加型社会」や「一億総活躍社会」などと言うのであれば、参加や活躍から遠ざけられた人々にこそ、手厚い支援の手が差し伸べられるべきではないでしょうか。
〈高橋祐吉〉

[参考文献]
宮本みち子『若者が無縁化する』ちくま新書、2012年。
工藤啓、西田亮介『無業社会』朝日新書、2014年。
NHK「女性の貧困」取材班編『女性たちの貧困』幻冬舎、2014年。

終身雇用はどう変ったのか

　終身雇用（あるいは、長期雇用）なんてもう古い、過去のものだ、いや、すでに崩壊したなどと何度も耳にしたり目にしたことがあると思います。たとえば、サラリーマン向けの雑誌『日経ビジネス』2015年8月3日号の特集は「会社に忠誠を誓う代わりに雇用を守る暗黙の『契約』を反故にし始めた企業の実態と、それによって、居場所をなくし始めたバブル入社組の姿を描き、その先にあるべき未来の雇用のあり方を探った」もので、題して「社畜卒業宣言」でした。「社畜」とは「会社の家畜」という意味合いのようです。

　終身雇用を期待して会社に忠誠を誓い──ということは、サービス残業に文句を言わず、さらには単身赴任やせっかく建てたマイホームを貸家にして家族共々住み慣れた地を離れて転勤することもいとわず──会社に尽くして真面目に働く労働者を「社畜」というようですね。

　同特集のように、終身雇用を暗黙の契約、解雇をそれに対する契約違反と見なすような議論は以前からありました（たとえば島田晴雄『日本の雇用──21世紀への再設計』）。そうした議論が壁紙を貼り替えたかのように一挙になくなったのは1990年代後半からです。その合図になったのが日経連（現日本経団連）の報告書『新時代の「日本的経営」』でした。

　しかし、それから20年、『日経ビジネス』が上記のような特集を組んだことが終身雇用の存続していたことをかえって示しているように思われます。そこで先ず、終身雇用がなくなったのか、終身雇用が言われるように弱まっているのかを確認しましょう。

● **終身雇用はなくなったか**

　図表1-4-1は1980年から2015年までの労働者の平均勤続年数を男

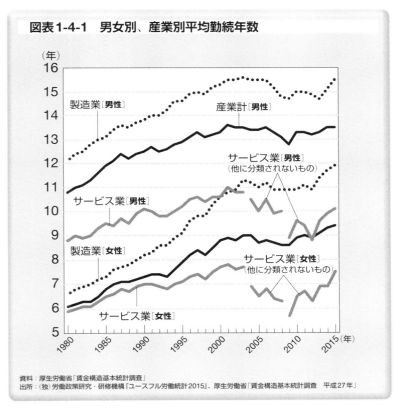

資料：厚生労働省「賃金構造基本統計調査」
出所：(独)労働政策研究・研修機構『ユースフル労働統計2015』、厚生労働省「賃金構造基本統計調査　平成27年」

女別、産業別に示したものです。労働者の平均勤続年数は終身雇用の実態をみる指標として用いられるものです。

　この図表では、男性が女性を5年程度上回っていること、また、サービス業が2000年代に入って大きく揺れていることが目につきます。また、08年のリーマン・ショックをキッカケに起きたリストラ首切りの影響が男性に対して強くあらわれていますが、平均勤続年数はその後2014年までに持ち直します。そして、1980年から2014年までの四半世紀にかけて時々に凸凹はありながらも「製造業　男性」、「製造業　女性」、「産業計　男性」、「産業計　女性」においては平均勤続年数の長

図説　労働の論点　31

期化が明らかです。先述のように1990年代後半から終身雇用否定論、終身雇用解体論が唱えられるようになりますが、90年代後半からも平均勤続年数は長くなっていっています。

すると、終身雇用なんてもう古い、過去のもの、崩壊した云々という言説は、現状を記述した言説ではなく、現状に対してこうなるべき、という要請を暗に込めた言説だと言えるかも知れません。フランスの社会学者ピエール・ブルデューは、事実を述べているように見せながらじつは当為(「……であるべき」)を述べるのが新自由主義に特徴的な語り口なのだと述べています。

終身雇用を批判する言説のもう一つのステレオタイプは、終身雇用なんてやっているのは日本だけだ、これではグローバル化した競争のなかで勝ち抜けない、日本は没落してしまう、というものです。

日本の没落を危惧する議論は、労働者の解雇を正当化する文脈でしばしば登場します。もっとも解雇だとか首切りだとか、そういうストレートな表現ではなく、「労働市場の柔軟化が必要」、「労働市場のフレキシビリティを高めることが望ましい」などとアカデミックに、ないしはレトリカルに表現されること多いようです。

●終身雇用は日本だけか

さて、**図表1-4-2**は労働者の勤続年数の国際比較を示したものです。

男性に注目すると、最も長いのは日本の13.3年、次いでイタリアの13.0年、第3位がフランスの12.3年、以下、ドイツの11.9年などとなります。反対に、最も短いのは、アメリカの4.7年、次いで韓国の6.6年、デンマークの8.5年などとなります。

女性の場合は、最も長いのはフランスとイタリアで12.2年、次いでベルギーが11.6年、ドイツが10.8年、スウェーデンとフィンランドが10.3年などとなっています。最も短いのは韓国の4.1年、アメリカの4.5年、イギリスの8.7年、日本の9.1年などとなります。

ところで、**図表1-4-2**から、国ごとに男性を100としたときの女性の

図表1-4-2　従業員の勤続年数（2013年）

		男女計	男	女	格差 （男＝100）
日本[1]	JPN	11.9	13.3	9.1	68.4
アメリカ[2]	USA	4.6	4.7	4.5	95.3
イギリス	GBR	9.0	9.2	8.7	95.0
ドイツ	DEU	11.4	11.9	10.8	90.6
フランス	FRA	12.2	12.3	12.2	98.8
イタリア	ITA	12.7	13.0	12.2	93.7
オランダ	NLD	10.5	11.3	9.6	84.5
ベルギー	BEL	11.7	11.7	11.6	98.4
デンマーク	DNK	8.3	8.5	8.2	95.8
スウェーデン	SWE	10.0	9.7	10.3	105.4
フィンランド	FIN	10.2	10.0	10.3	102.3
ノルウェー	NOR	9.6	9.7	9.5	97.6
オーストリア	AUT	10.3	11.1	9.4	84.7
韓国[4]	KOR	5.5	6.6	4.1	62.3

出所：労働政策研究・研修機構『データブック国際労働比較2015』
注：1）2013年6月末現在。2）2014年1月現在。平均勤続年数は中位数。年齢階級別15～24歳の欄は16～24歳、65～69歳の欄は65歳以上を対象。3）2012年の数値。4）65～69歳の欄は65歳以上を対象。

勤続年数の比がどれくらいになるかを見てみましょう。最も大きいのはスウェーデンの105.4、次いでフィンランドの102.3となります。第3位はフランスの98.8です。他方、比が最も小さい、つまり女性の勤続年数が男性のそれに比較して短くなっているのは韓国の62.3、日本の68.4、やや離れてオランダの84.5などとなります。この数値だけでは確定的なことは言えませんが、しかし一般には、一国における女性の勤続年数が男性のそれと比して短いほど男性に比して女性が働きにくい社会であることを示唆すると言えるでしょう。

　なおこれまで見たとおり、日本で終身雇用批判の対象となる男性は平均勤続年数は確かに第1位の座を占めるわけですが、大陸ヨーロッパ諸国とくらべると1～2年程度長いだけで、終身雇用自体が日本に特

殊な慣行とは言いにくいでしょう。むしろ、これらの国々の中ではアメリカ、韓国が特殊なように見えます。平均勤続年数を大陸ヨーロッパ諸国なみにあと1～2年ほど短くすべし、ということは聞きません。終身雇用を批判する立場は新自由主義と親和的で、新自由主義はアメリカを理想とすることが多いですから、平均勤続年数をアメリカ並みに下げよう、ということなのでしょう。

しかし、ひるがえって想起されるのは、リーマン・ショックのような不況時ばかりでなく、しばしば会社幹部が関与した会社の偽装、不正会計、不祥事、それだけでなく幹部の経営手腕等々に起因すると思われる株価低迷等を避けるために多くの労働者がリストラにあうことは日々のニュースで身近に接することです。さらに、性差別、労働組合差別、思想差別による退職強要や解雇の事例も後を絶ちません（それらが法廷に持ち込まれるのは氷山の一角でしょう）。つまり、終身雇用慣行はすでに十分に弱く、かつ日々弱まっているように思われるのですが、なお弱めなければならないという切実な思いが終身雇用批判の声を大きくするのでしょう。というのも、次に見るように終身雇用を批判する人は自分が少数派であることを感じているでしょうから。

●誰が終身雇用を支持しているのか

図表1-4-3は「終身雇用」の支持割合を示したもので、20歳以上の男女4000人を対象におこなわれた調査結果です。終身雇用に対する支持は全体で見ると、1999年72.3％、2000年77.5％、01年76.1％、04年78.0％、07年86.1％、11年87.5％です。

年齢階層が高いほど終身雇用に対する支持が高い傾向が見られますが、2011年調査では年齢階層別の大きな違いは見られません。はじめの3回の調査では他の年齢階層よりも終身雇用に対する支持の少なかった20歳代、30歳代は04年調査と07年調査のあいだで終身雇用に対する支持が10ポイント以上増大します。

『2014年版労働経済白書』は、このことに加え、同じ調査で年功賃金

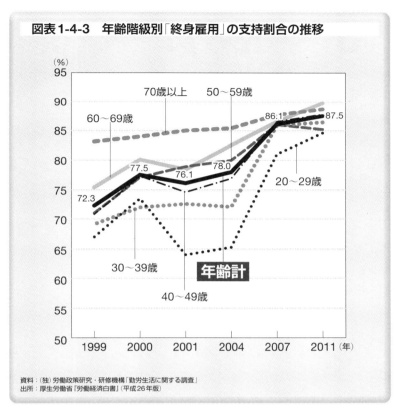

資料：(独)労働政策研究・研修機構「勤労生活に関する調査」
出所：厚生労働省『労働経済白書』(平成26年版)

(→本書第3章8「年功賃金は時代遅れなのか」を参照)への支持も約75％あることを踏まえて「こうした国民の意識を見ても、一つの企業で職業生涯を全うする長期雇用キャリアについては、労働者側から急激に変化得る可能性は小さいと考えられる」と述べています。〈赤堀正成〉

[参考文献]
島田晴雄『日本の雇用——21世紀への再設計』ちくま新書、1994年。
日本経営者団体連盟編『新時代の『日本的経営』-挑戦すべき方向とその具体策』1995年5月。
赤堀正成・岩佐卓也『新自由主義の再構築』法律文化社、2014年。

5 増え続ける非正社員

就業形態が「多様化」した？

●就業形態の「多様化」が意味するもの

雇われて働く人である雇用者に関する問題は多岐にわたりますが、今日もっとも注目されるのは、いわゆる「就業形態の多様化」の動きです。正社員以外に、パート・アルバイト、派遣労働者、契約社員、嘱託などで働く人々が急速に増えてきたからです[→**図表1-5-1**]。「労働力調査」におけるそれぞれの働き方の定義を見ると、派遣で働く人を除けば、それ以外の就業形態の違いは今一つ判然としません。勤め先での呼称によって区分されているだけだからです。名称だけはさまざまですが、それらの就業形態の間にそもそも明確に区分できるような違いはないということなのかもしれません。このように融通無碍なところがいかにも日本的なところです。

そうであれば、正社員とそれ以外の人すなわち非正社員に区分されていると理解した方が話はわかりやすくなります。では、正社員と非正社員は何を基準に区分されるのでしょうか。これまでは、正社員は雇用契約の期間に「定めのない」雇用であり、それ以外の非正社員は「定めのある」雇用であるとされてきました。この違いが大事なことは今でも変わりません。しかしながら、雇用というものは、労使間における長期の人的関係のもとでフルタイムで働くこととして、これまで理解されてきました。そうであれば、これまでの雇用からの乖離は、①臨時的な雇用（無期雇用から有期雇用への変化）、②パートタイム雇用（フルタイム雇用からパートタイム雇用への変化）、③雇用者と使用者が分離した雇用（直接雇用から間接雇用への変化）の3つの側面から生じてきているとみることができるでしょう。

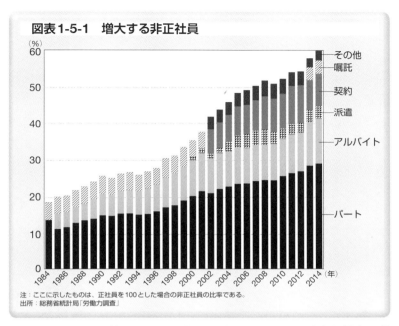

図表1-5-1　増大する非正社員
注：ここに示したものは、正社員を100とした場合の非正社員の比率である。
出所：総務省統計局「労働力調査」

　近年いわゆる人材ビジネスを介して活用されている派遣労働者や請負労働者などは①や③と、直接雇用されていてもパートやアルバイト、契約社員、嘱託などは①や②と深い関わりをもつことになります。日本の場合は次のような順序で乖離してきました。まず、①の臨時工が1950年代に急増しましたが、その後労働組合によって臨時工の本工化が進められた結果減少し、ついで②のパートタイム労働者が60年代に登場して今日まで増大し続けており、そして③の派遣労働者が1985年の労働者派遣法の成立によって新たに登場しました。しかも先の3つの側面から生じた乖離は、独立しても存在しますが二重、三重に重なり合ってもいます。たとえば短時間の日雇いで働くような人々の場合、①、②、③のすべてがあてはまることになります。

　このように見てくると、「就業形態の多様化」とはじつは非正社員の多様化にすぎないようにも思われるのですが、にもかかわらず、非正

社員という働き方に対する倫理的な批判を内在させた正規─非正規の枠組みでは、人材活用の実態を見誤るといった見解も存在します。労働法の世界では、非正規雇用は非典型雇用として論じられているのですが、典型─非典型の枠組みであれば、わが国における人材活用の仕組みがもたらしている問題点が誤りなく認識されるというわけでもありません。役員を除く雇用者の4割にも達した非正社員の野放図な拡大は、まぎれもなくコスト削減のためなのであって、非正規雇用が非典型雇用になりえていない日本的な現実こそが、あらためて直視されなければならないはずです。

　非正社員の増大を擁護するもう一つの議論は、非正社員という働き方の多くが、労働者の側の自発的な選択によっても増大しているというものです。確かに、働くのかそれとも働かないのかを選択できる立場にいて、自発的に非正社員として働くことを選択している人がいることは否定できません。しかしながら、生きるために仕事を求めている人であれば、それがどれほど仕事に値しないようなものであったとしても、それしかなければその仕事に飛び付くことになります。そしていったん働き始めれば、そうした仕事でさえ失うことに不安を感じるようになるのです。ネットカフェや簡易宿泊所に寝泊まりし、日雇いで生きる人の場合などはまさにそうでしょう。しかしながらそうした状況を、彼／彼女らは日雇いという働き方を自発的に選択し維持したいと考えているのだと解釈すべきではありません。

●男性と若者で増えた非正社員

　多様かつ大量に出現した非正社員の実態を、2014年の「労働力調査」で確認してみましょう。役員を除く雇用者総数5240万人のうち、正社員が3278万人を占め、残りの1962万人が非正社員です。雇用者総数に占める非正社員の割合である非正社員比率は37.4％と4割近くにも達しています。この非正社員数と非正社員比率は、日経連（現日本経団連）が「新時代の『日本的経営』」を提唱した1995年には874万人、18.9％

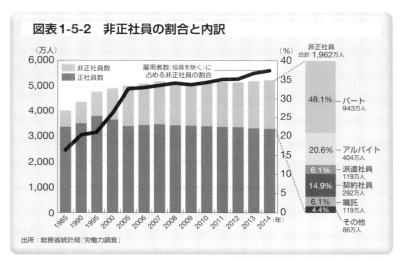

でしたから、その後20年ほどの間に人数にして1088万人、率にして18.5ポイントも激増したことになります。「長期蓄積能力活用型」や「高度専門能力活用型」と並んで、「雇用柔軟型」をこれからの雇用のあるべき姿の一つとして位置づけ、内部労働市場を狭め外部労働市場を広げるという新たなビジネスモデルのもとで、ふんだんに活用してきた結果でもあるでしょう［→図表1-5-2］。そこから浮かび上がってくるのは、以下のような興味深い現実です。

　まず第一に注目すべきことは、男性の非正社員比率や若者の非正社員比率が高まってきていることです。非正社員比率が、性や年齢によって大きく異なっていることはよく知られています。非正社員に占める女性の比率は67.9％ですから、現在でも非正社員が女性に集中していることは間違いありませんが、1995年時点では78.1％であったので、この間の変化という点から見れば、非正社員に占める男性の比率の上昇が注目されます。また年齢別の非正社員比率を見ると、男性の15〜24歳層では先の37.4％を大きく上回って43.8％にも達しています。若者の場合、男女とも非正社員のほとんどはフリーターとして働いています。

図説　労働の論点　39

こうした現実からもわかるように、中卒や高卒の若者たちの多くは、はじめから非正社員として労働市場に参入していくのです。非正社員の急増が深刻な社会問題として受け止められるようになった背景には、こうした現実があります。

●家計自立型あるいは不本意型の非正社員とは

　第二に注目すべきことは、間接雇用の非正社員や偽装雇用ともいうべき個人請負はもちろんのこと、直接雇用の非正社員の内部にも、フルタイム型すなわち家計補助型ではなく家計自立型の非正社員が増大してきたことです［→**図表1-5-3**］。「労働力調査」によれば、パート・アルバイトが1347万人、派遣労働者が119万人、契約社員が292万人、嘱託が411万人、その他が86万人なので、非正社員の7割弱をパート・アルバイトが占めており、依然として多数派であることに変わりはありません。しかし非正社員に占めるパート・アルバイト比率は、1995年には8割を超えていたので、この間パート・アルバイト以外の非正社員が急増して、家計自立型の非正社員が増えたことは明らかです。パートは主婦、アルバイトは学業途上の若者の仕事としてイメージされてきたこともあって、それ以外の非正社員が個々の企業ごとに多様な名称で呼ばれているのです。

　第三に注目されることは、先の指摘と深いかかわりをもった論点ですが、不本意あるいは非自発的な選択の結果非正社員となった人が増えたことです。つまり、正社員として働きたかったにもかかわらず、長期のデフレ不況下でビジネスモデルが変わり、正社員に対する需要が減少したために、やむをえず非正社員として働いている人が増えたのです［→**図表1-5-4**］。そのような非正社員は、いったいどのくらいいるのでしょうか。2014年の「労働力調査」によれば、非正社員のうち、非正社員で働いている理由として「正規の職員・従業員の仕事がないから」と答えた不本意型の人は331万人に達し、非正社員の2割を占めています。これだけの人がやむをえず非正社員で働いており、いまだに

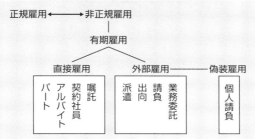

図表1-5-3 非正社員の類型からみた雇用形態

出所：森岡孝二『雇用身分社会』岩波書店、2015年
注：1）契約社員は工場においては期間工を含む。2）嘱託は定年退職後の再雇用者。3）出向元の企業に在籍している出向者は派遣に近く、外部雇用に区分した。

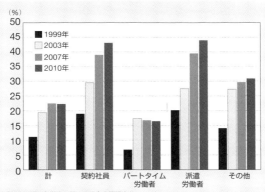

図表1-5-4 増大した正社員になりたい非正社員

出所：厚生労働省「就業形態の多様化に関する総合実態調査」
注：1）「非正規雇用の労働者のうち正社員になりたい者の割合」は、非正規雇用の労働者のうち「現在の会社又は別の会社で他の就業形態で働きたい」と答えた者の割合×うち「正社員になりたい」と答えた者の割合、により算出したもの。3）1999年のパートタイム労働者は、「短時間のパート」と「その他のパート」（短時間でないパート）の選択肢があり、そのうち「短時間のパート」について集計したもの。4）計には嘱託社員、出向社員が含まれる。

非正社員のわなから抜け出すことができないでいることを忘れてはなりません。

〈高橋祐吉〉

[参考文献]

竹信三恵子『雇用劣化不況』岩波新書、2009年。
伍賀一道『「非正規大国」日本の雇用と労働』新日本出版社、2015年。
高橋祐吉『現代日本における労働世界の構図』旬報社、2013年。

6 急がれる地位の改善

有期雇用、パートタイム雇用、派遣労働

●有期雇用労働者とはどんな人々か

　非正社員は、先にふれたように有期雇用やパートタイム雇用、間接雇用で働く人々を指します。これらの働き方は重なり合っていることも多いのですが（たとえば有期のパートや派遣など）、そのことを念頭に置いたうえで、有期雇用労働者やパートタイム労働者や派遣労働者の最近の動向を紹介し、彼／彼女らの地位の改善が急務となっていることを具体的に明らかにしてみましょう。

　まずは有期雇用労働者から取り上げてみます。有期契約は非正社員の労働契約に多く見られるもので、2013年の「労働力調査」によると、有期雇用労働者は常雇で892万人おり、これに臨時雇の444万人、日雇の90万人を加えると1426万人にのぼり、全雇用者の25.9%に達しています［→**図表1-6-1**］。しかも、有期契約で働く労働者の約3割が、通算5年を超えて有期の契約を反復更新しており、有期雇用労働者が使い勝手のいい労働力として活用されているという実態もあります。こうした現実を見るならば、日本はもはや無期＝長期雇用が一般化した社会ではなくなってしまったことがわかるでしょう。

　彼／彼女らの雇用契約は期間に定めのある契約ですが、その契約は労働基準法14条では、3年を超えてはならないとされています。そのもともとの趣旨は、有期なのに長期の雇用契約が締結されることによって、労働者が働くことを強制されたりしないようにするためでした。つまり、有期雇用契約とは、雇用契約期間が終了すれば労働者が退職できることを保障したものであって、雇い主に退職させることを義務づけたものではなかったのです。ですから、これまでの判例では、有期雇

42　第1章―「働く」ことを見直す

図表1-6-1　雇用形態別にみた有期雇用労働者（単位：万人）

	計	男	女
全有期雇用労働者（①＋②＋③）	1,426	544	882
①常雇の有期雇用労働者（A＋B）	892	345	547
A 正規の有期雇用労働者	120	78	42
B 非正規の有期雇用労働者	773	267	506
パート	326	41	285
アルバイト	95	474	51
派遣労働者	65	22	43
契約社員	203	111	92
嘱託	62	39	23
その他	22	10	12
②臨時雇	444	154	290
③日雇	90	45	45

出所：総務省統計局「労働力調査」（2013年）

用労働者が何回も契約を更新した場合には、期間に定めのない契約に転化したものとみなされてきました。たとえば、1年の雇用契約を5年も繰り返せば、雇用契約期間が終了したことを理由に解雇することは難しかったのです。

　2012年に労働契約法が改正され、有期雇用契約が反復更新されて通算5年を超えた場合には、労働者の側からの申し出により、期間に定めのない契約に転換できることとなりました。一見すると、無期雇用を増やす改正のように見えなくもなかったのですが、現実には、無期雇用に転換させたくない多くの企業が、5年以内で有期雇用労働者を雇い止めにする動きを広める結果となりました。こうした結果を生んだのは、労働者にとってほとんどメリットのない有期雇用に対する入口の規制が欠如し、彼／彼女らに対する雇用保護が軽視されてきたからです〔→**図表1-6-2**〕。ヨーロッパの国々のように、有期雇用はもともと例外であって、正当な理由無くしては有期で雇うことができないという方向に向かわなければ、有期雇用労働者を5年以内で使い捨てにしていくような雇用慣行が広がっていくことになりかねません。

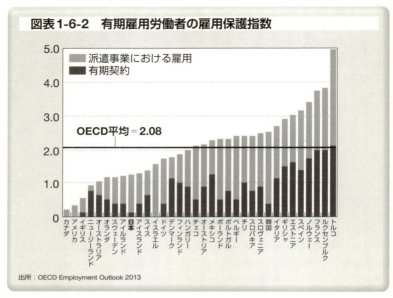

出所：OECD Employment Outlook 2013

●パートタイム労働の何が問題なのか

次にパートタイム労働者を見てみましょう。典型的なパートとしてイメージされるのは、正社員とは別立ての雇用管理のもとにおかれ、短期の雇用契約を結びあるいはそれを繰り返しながら、正社員よりも短い労働時間働くような人でしょう。さらには、その多くは自らがパートであることを望んで家計補助的に働く既婚の女性であり、従事する仕事は単純不熟練労働で、そうしたこともあって、賃金は低く一時金や退職金もないかあってもごくわずかであり、社会・労働保険にも未加入の人ということになるでしょう。しかしながら、こうしたパート像は、この間のパートの位置づけの変貌によって揺らいでいます。

パートを短期時間労働者と定義した実態調査の結果によれば、性別では女性が依然としてパートの主力を占めているものの、パートの4人に1人は男性です［→**図表1-6-3**］。また、パートの3人に1人は配偶者がいません。こうした現実を反映して、おもに自分の収入で暮らしてい

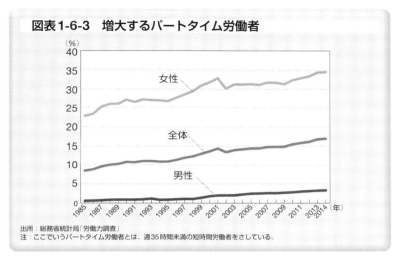

図表1-6-3　増大するパートタイム労働者

出所：総務省統計局「労働力調査」
注：ここでいうパートタイム労働者とは、週35時間未満の短時間労働者をさしている。

るようなパートも目立ってきています。正社員として働けるところがなかったのでパートになった人が、4人に1人もいるのがその証拠でしょう。職場に「同じ仕事を行っている正社員がいる」と答えたパートも5割を超え、その半数近くは正社員よりも低い賃金に納得していません。仕事内容が正社員のそれに近づき、パートの勤続年数も伸びているにもかかわらず、時間賃金は正社員の5割程度に留まっており、その矛盾が不満となって現れているのです。こうした現実から浮かび上がってくるのは、正社員の仕事をパートに代替させながら、短時間の勤務を選択したこと理由に身分差別がおこなわれている日本的な現実です。

　この間パートが急増し続け、基幹的な労働力として活用しようとする動きが広がったり、短期の契約が繰り返し更新されることによってパートの勤続年数が長期化しているにもかかわらず、日本のパートは非正社員の位置づけから脱することができないままです。国際的にみれば、パートという働き方は、フルタイムの働き方と対になった短時間労働の概念にすぎないのであって、そこには身分差別をめぐる問題は存在しません。パートの就業実態が徐々に短時間の正社員に近づいて

いること、そしてまた、「最大の非正規雇用」であるパートの低賃金が、非正社員全体の賃金を引き下げる重石となっていることを考えれば、パートの労働条件の抜本的な見直しが急務となっています。

●派遣という働き方はどのように広がってきたのか

　最後に、派遣労働者を取り上げてみましょう。労働者派遣法が成立するまでは、雇用者と使用者が異なるような間接雇用は、労働者供給事業として職安法によって禁止されてきました。しかしながら現実には、サービス経済化の進展のなかで、ビルメンテナンスや警備、情報処理サービスなどの分野において、労働者供給事業にあたるような人材派遣が拡大していきました。そのため、1985年に労働者供給事業の一部を合法化し、労働者派遣事業として認可する労働者派遣法が成立しました[→**図表1-6-4**]。派遣法の成立時に例外的に許可された対象業務は、専門的業務や特別の雇用管理を必要とした業務に限定されており、その後対象業務が追加されたものの、99年までは対象業務を限定的に許可する「ネガティブリスト方式」のもとで、26業務に限定されていました。

　しかし99年には、それまでの原則禁止の考え方から、対象業務を例外的に禁止する「ポジティブリスト方式」に変わり、港湾運送、建設、警備、医療、製造を除き原則として対象業務を自由化する大きな「改正」がおこなわれました。この「改正」では、対象業務を原則自由化する代わりに、新しく自由化された業務については受け入れ期間の上限が1年とされて「臨時的・一時的な労働力需給システム」の形態だけは一応維持されてはいましたが、2003年にはこの上限1年が3年とされ、製造業への派遣も解禁されるに至りました。そして07年には製造業への派遣期間の上限が1年から3年へと延長されました。労働者派遣法が当初想定していた派遣労働者とは、「専門的業務」に「臨時的」に充当される労働力であったはずですが、今日ではすっかり様変わりして、不熟練の職種に充当される安上りの労働力となってしまいました。

46　第1章—「働く」ことを見直す

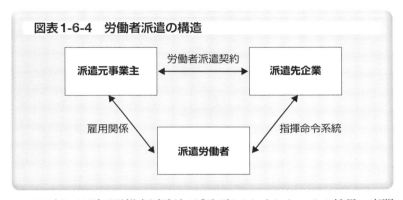

図表1-6-4　労働者派遣の構造

　2015年には再び労働者派遣法が「改正」されました。その結果、専門26業務以外の派遣労働者の場合は、原則1年、最大3年の使用期間の制限があったので、これまでであれば、その後は同じ仕事を派遣労働者に任せることができなくなり、直接雇用に切り替える必要が生じたのですが、今後は3年ごとに派遣労働者を入れ替えれば、同じ仕事を引き続き派遣労働者に任せることができるようになりました。3年たっても直接雇用に切り替える必要がなくなったのです。また、専門26業務の場合はこれまでは使用期間の制限はなかったのですが、専門業務という規定がなくなって、すべての派遣労働者が同じように取り扱われることになりました。その結果、派遣先の企業が直接雇用に切り替えてくれなければ、専門業務に従事してきた派遣労働者は、3年ごとに職を失いかねなくなったのです。直接雇用への切り替えの義務付けを失くせば、長期にわたって派遣で働き続けなければならない労働者は確実に増大します。今回の改正に対して、「生涯派遣」を合法化するものだとの批判が生まれたのも、それ故です。

〈高橋祐吉〉

［参考文献］
本田一成『主婦パート　最大の非正規雇用』集英社新書、2010年。
中沢彰吾『中高年ブラック派遣』講談社現代新書、2015年。
森岡孝二『雇用身分社会』岩波新書、2015年。

若者の働き方を考える

●「ぼくらは位置について　横一列でスタートをきった／　つまづいている　あいつのことを見て／　本当はシメシメと思っていた」というのは『プロフェッショナル』という番組の主題歌Progress（スガシカオ作詞・作曲）の冒頭の一節です。運動会での徒競走でよりも、むしろ受験や進学に関わって、本当は仲の良いはずの友人やクラスメイトが苦しんでいるのをついうれしく感じる自分に気づいて自己嫌悪の念を抱かされた覚えのある人もいるでしょう。

●この歌には、そういう自分、またそういう自分を作り出す環境に甘んじることなく、乗り越えていこうとするメッセージが込められているようです。振り返れば、いつの間にか、ものごころがついた頃にはすでに競争ばかりさせられてきたような思いを抱く人もいるでしょう。勉強とは物事を知り自分を前に進め、よりよく生きることに役立つものではなく、どれだけ物知りかを紙上で競うゲームと映ったかもしれません。

●そうした競争が大学でも、さらに就職してからも続くのか、と思えば、誰しもウンザリするはずです。若者の働き方を考える本章では、若者が働きだしてからぶつかりそうな困難を主に取り上げました。自分だけを必死で守り、仲間をも踏み越えていくための勉強、知識から離れて、そうではなく反対に、仲間を作り、ともに支え合いながら生きていくための条件やヒントを見出してもらえればと思います。

① キャリア教育の落とし穴

　「キャリア教育」という聞きなれないことばが使われるようになったのは20世紀末頃からのようです。文部科学省関連の文書に初めて「キャリア教育」が登場するのは、中教審（中央教育審議会）が1999年に出した答申「初中等教育と高等教育との接続の改善について」です。同答申は「キャリア教育」とは「望ましい職業観・勤労観及び職業に関する知識や技能を身に付けさせるとともに、自己の個性を理解し、主体的に進路を選択する能力・態度を育てる教育」であり、これを「小学校段階から発達段階に応じて実施する必要がある」と述べています。つまり、現状は「望ましい職業観・勤労観」が身に付いていないと判断しているわけです。

　しかし、これだけでは、どういう問題意識から「キャリア教育」が「必要」と中教審が判断しているのかがまだ抽象的ですから、大学生が関心を抱きそうなところに着目して、同答申の問題意識を、少々長くなりますが、かいつまんで紹介しましょう。

●望ましい職業観・勤労観——誰にとって

　「望ましい職業観・勤労観」、「自己の個性を理解」する力、「主体的に進路を選択する能力・態度」というようなことはだれもが肯定的に受け止めるような事柄ですが、それがあえて政策として述べられるときには、いったん立ち止まって、何を言おうとしているのかをできる限り具体的に理解することは大切です。一見だれもが当然と思うことをあえて言う人は、いいえ、あなた方はじつはわかっていないのですよ、と判断するからこそ言うのですから。つまり、中教審が「キャリア教育」が必要だと判断したことを重く受け止めなければなりません。

50　第2章—若者の働き方を考える

答申の第1章「検討の視点」は、戦後における「教育の量的拡大は、教育の機会均等に寄与するとともに、国民の教育水準を高め、我が国経済社会の成長と発展に大きく寄与した」と肯定面にふれた後、しかし、として次のように続きます。

　周りの大多数の者が高等学校あるいは大学に進学するような状況になった結果、後期中等教育や高等教育を受けることが特別のことではないとの意識が広まっている。この結果、個々人にとって、後期中等教育、高等教育への進学が主体的な目的意識に従ったものというよりも、本人の意志とかかわりなく、取りあえず進学しなければならないものと映る面もあるように思われる。

　図表2-1-1にみられるように、たしかに、高等学校等進学率は、男女ともに1950年代の4割強から70年代半ばにかけて9割台へと急激に上昇します。これは、1950年代末から日教組などの教職員労働組合と保護者とが「15の春を泣かせるな」などのスローガンを掲げて共同して取り組んだ高校全員入学運動の成果でした。それに伴い、短期大学、大学への進学率もゆるやかに上昇してゆきますが、答申はこれを「主体的な目的意識」を持たぬ「取りあえず進学しなければならない」意識の所産と受け止めたいようです。ですから、さらに、

　国民の『横並び意識』が強い我が国では、同世代の大多数が何らかの形で高等教育機関に進学するようになったとき、自発的・主体的な選択に基づかない進学が多くなるおそれがある。『みんなが（大学に）行くから、自分も行く』という人々の意識が変わっていかなければ、個人の多様な能力・適性、意欲・関心等に基づく主体的な進路選択が十分に行われないおそれがある。

と述べています。つまり、答申は、「主体的な目的意識」なく、いわば周囲に流されて義務教育後の、後期中等教育(高校)、高等教育(大学、短期大学など)に進学した者が相当数いる、と判断しています。それだけではありません。

自分の「能力・適性、意欲・関心等」(「キャリア教育」が目指す「自己の個性」

に対する理解）が不十分と判断される場合には、当人は「主体的な進路選択」をしたにもかかわらず、中教審はそのように捉えない、むしろ問題として捉える、ということになります。

●主体的であるかどうかは他者に決められる

　主体的な選択であるか否かは、選択を決断する主体、つまり本人が判断するのではなく、他者、ここでは中教審が判断するのですね。これでは余計なお世話と思う人もいるかも知れませんが、余計なお世話は政治と不可分で、放っておいてと言っても放っておいてはくれません。政治というものは国会とか国会議員が利用する飲食店の建物の中にのみあるのではありません。制度的に民主主義が確立している国においても、主権者、国民の生活に、しかも個人の内面でおこなわれる「主体的な進路選択」の領域にいたるまで、このように介入し侵入してくるものです。

　さて、こうした「検討の視点」からうかがえるように、同答申は当然のことながら「学力の低下」に強い関心を抱いています。第2章第2節「学力の現状」では、冒頭で「最近、大学関係者を中心として入学してくる学生の学力低下を指摘する幾つかの意見が提起されている」と述べます。

　そこで、「仮に、大学生の学力低下があるとすれば、大学進学率の上昇により、大学生の従来型の平均的学力が低下していることが考えられ、一般的に、進学率の上昇に伴いこのような状況が今後進むことが予想される」、「今の大学生は一般的に学ぶということに対する意欲、関心、心構えが昔に比べて劣っているという指摘があり、このことはより深刻な課題であると考えられる」と述べています。

　学力と階層の問題についてこの答申は一貫して関心がないようですが、夜勤もいとわずにアルバイトをしなければ学生生活を維持できないような状況についても無関心です。まして、友人や仲間をつくって体育会やサークルの活動に励もう、将来はオリンピックを目指し、そ

図説　労働の論点　53

れで母校の名をますます世間に知らしめようというような学生の主体的選択は（きっと）歓迎されないでしょう。

結論部分に当たる第6章「学校教育と職業生活との接続」冒頭は次のように述べます。

> 新規学卒者のフリーター志向が広がり、高等学校卒業者では、進学も就職もしていないことが明らかな者の占める割合が約9％に達し、また、新規学卒者の就職後3年以内の離職も、労働省の調査によれば、新規高卒者で約47％、新規大卒者で約32％に達している。こうした現象は、経済的な状況や労働市場の変化なども深く関係するため、どう評価するかは難しい問題であるが、学校教育と職業生活との接続に課題があることも確かである。

高校を卒業して就職しない者がいる、せっかく就職しても3年で辞める者が少なくない、その理由を「経済的な状況や労働市場の変化」のみに帰することはできない、「人々の意識が変ってゆかなければ」ならない。そのために「キャリア教育」を、というわけです。

このように見てくると、この答申が考えている「望ましい職業観・勤労観」がよく見通せるでしょう。フリーターになったり、就職してもたかだか3年で辞めるようでは「望ましい職業観・勤労観」が身に付いていない、ということです。

その際に、学生ではなく採用側がフリーターを望んで正社員が狭き門となっていること（このことは「経済的な状況や労働市場の変化」よりも企業の主体的な選択の影響の大きさを看過できません）、就職活動が学生の勉強を大いに阻害していること等々には言及されません。さらに、若者が早期退職する原因となる、いわゆる「ブラック企業」問題、長時間労働、サービス残業、それらに起因するメンタルヘルス問題、過労死、過労自殺の問題にも言及されません。同答申が植えつけようとする「キャリア教育」

の「望ましい職業観・勤労観」のなかには労働者の権利、公益のために会社の不祥事・不正を未然に防ぐため、あるいは是正するためにはどうするか、といったことへの問題意識はうかがえません。

とすれば、同答申は、大学生の学ぶ意欲に強い関心を持っていたはずなのに、「労働の実態・制度・構造に関する知識の摂取が不足しているほど、成果主義を信奉するほど、労働行政の役割を等閑視するほど、将来の就労に自信があるほど、自己責任論に賛成」する大学生の傾向（筒井美紀「大学の〈キャリア教育〉は社会的連帯に資するのか?」『現代の理論』2009年、新春号所載）に対して肯定的、あるいはむしろ、好意的だということです。

つまり、そこでは、大学生の勉学を阻害する就職活動を経た先にある、正社員にも非正社員にも過酷な「職業生活」の在り様を改善してゆくのではなく、反対に、それに適応し再生産し維持する担い手となる「主体」の育成が目指されているということでしょう。　　　　　〈赤堀正成〉

[参考文献]
児美川孝一郎『キャリア教育のウソ』ちくまプリマー新書、2013年。
苅谷剛彦『学力と階層』朝日文庫、2012年。
本田由紀『教育の職業的意義』ちくま新書、2009年。

2 広がる「名ばかり」正社員

●正社員の悪用化

正社員という言葉が広がるのは70年代後半から80年代といわれ、女性パートの増加が背景にあります。90年代になると契約社員・派遣社員・請負労働者などの不安定な雇用形態が広がり、正社員のイメージは価値ある働き方としてみなされていきます。こうした誤った認識を背景に、正社員という名称を冠して長時間・休日なしでも広範な指揮命令をも受容させる働かせ方「名ばかり」正社員が広がります。正社員として偽装し、実際の労働条件は非正規ないしはそれ以下という働かせ方をさせるのです。その手法をとる企業は「ブラック企業」と呼ばれますが、それは労働者自身しかわからず企業を特定することは困難です。

こうしたことが問題になってきたのは、2008年のリーマンショックにより新卒就職市場が停滞し、格差拡大が広がっていくなかでのことでした。正社員にかこつけて酷使される若者が多数存在することが明らかになりました。2002年から07年の長期にわたる好景気は非正規を増加させ、貧困・格差を広げる副産物を生み出したのです。同時期には「名ばかり」管理職もサービス残業を隠蔽する労務管理手法として問題化されていきます。

●「名ばかり」管理職

「名ばかり」管理職は管理職手当を支給することで労働基準法の適用除外である管理監督職とみなし、人件費を節約し、労働者を疲弊させていきます。日本マクドナルドは店長に同制度を入れ、バイトの代わりに不眠不休で働く店長を定額の管理職手当で働かせていました。裁判では労働者側の勝利判決で会社に約750万円の不払い残業代支払い

56　第2章—若者の働き方を考える

が命じられ（2008年）、以後店長には残業代が出る改善に至ります。一方、「名ばかり」正社員は正社員を求める若者に対して、名称のみ正社員として労働条件は非正社員ないしはそれ以下といった働き方を強要して労働者の心身を破壊させていきます。正社員採用後、すぐに管理職にし、「名ばかり」管理職と「名ばかり」正社員が同時に降りかかる場合もみられます。

●急速に進む若者の非正規化

正社員と呼ばれる雇用形態の統計的推移をみてみると、正社員という働き方は普通の働き方ではなくなりつつあることがわかります。厚労省「就業形態の多様化に関する総合実態調査」で1987年の調査開始時16％だった非正規雇用比率は2014年に40％にまで増えています。高齢者での非正規雇用率が高まっていることが増加の要因と言われますが、若者の非正規雇用率の増加テンポはほかの年齢層よりも高いことに注目してください。総務省「労働力調査」によれば25〜34歳の非正規雇用比率は1990年男性3.2％が2015年には16.5％に、同じ期間の女性は28.2％が41.3％にそれぞれ急増しています［→**図表2-2-1**］。

こうした背景には80年代後半から90年代にかけての非正規労働者の活用や長時間労働による雇用の弾力化、公的部門の民営化、大規模小売店舗法などにみる産業の規制緩和が進められたことにあります。この戦力になったのが女性や若者であり、景気拡大のかけ声のもと都合よく使われたといえます。

若者は働くなかで仕事を通じて社会への立ち位置を決め、自らの将来展望を描いていきます。そうした自己形成ができぬまま、もてあそばれる「名ばかり」正社員のような使われ方は非正規の増加によってもたらせられています。これは本人の問題だけではなく、将来に治安の悪化・疾病・精神疾患といった社会保障上のコストアップ要因を作っていきます。若者が経済的に自立できる「まともな働き方」に変える取り組みが必要です。

図説　労働の論点　**57**

●身分社会を変えてきた労働運動

　ところで戦前期、この国では職員と工員という身分社会が企業内に存在していました。職員は月給制、工員は日給月給制（日給をひと月まとめてもらう）でした。ボーナスも前者はもらえますが、後者はありません。工員には所持品検査があり、信じられないかもしれませんが、食堂も職員専用食堂であり、便所や通用門も違いました。工場制度とともに身分制度もいっしょに入ってきたため、工場では差別は一般化していたのです。

　戦後の労働運動は、こうした差別への憤まんを集団的に労働運動として展開し身分差別を撤廃してきました。職員並の扱いを求める工員たちの運動は、イギリスでみられた「奴らと俺たち（them and us）」という形ではなく、ブルーカラーのホワイトカラー化という形で徐々に工員・職員一体化していくことになります。

●企業社会の成立

　身分社会を労働運動によって脱した戦後日本の労働社会ですが、高度経済成長期には企業社会を形成し、新たな身分社会を形成していきました。労働組合は運動路線の違いから二分化し、第一組合、第二組合と呼ばれる労働組合に分かれました。企業と共同歩調をとる新しく設立される第二組合に対し、企業と対峙する第一組合は少数派へと追いやられ、企業内で冷遇されていきます。映画『沈まぬ太陽』(2009年)では日本航空を題材に組合分裂が描かれています。渡辺謙が演じる第一組合委員長(恩地元)は海外へき地に左遷され、他の第一組合員も仕事を奪われ組合離脱を働きかけられ、組合が弱体化することになります。こうして企業と第二組合の協同歩調は企業との一体性を増すことになっていくのです。

　こうして社員という身分による労務管理が進み、企業社会が確立します。企業が医療・年金・住宅・教育に関する社会保障の負担をし、労働者は社員として長時間・転勤ありの柔軟な就業をおこなうのです。この企業社会は大企業中心のものであり、中小企業は、より低いコストにより大企業の経済力を下支えする二重構造社会も同時に作られていきます。

　70年代の低成長期には女性パートが激増していきます。背景にはオイルショック以降伸び悩む賃金の補てんを必要とする家計の事情と、安価な労働者を求める企業の事情が重なり、女性がパートで家計を補助する構造が生まれます。濱口桂一郎は、このような男性が正社員、女性がパートで家計内で調整することを「日本的フレクシュキリティ」(フレクシビリティ[柔軟性]とセキュリティ[保障]を組み合わせた造語)と呼んでいます。この結果、低所得者には課税しないとする税制も作用し、女性を低処遇に張りつけ、自立をしようとする女性の貧困を促進することにもなっていくのです。女性のワーキング・プア化や改善されない非正規の労働条件は、今や新卒の若者全体にも広がってきています。

図表2-2-2　ストライキ件数

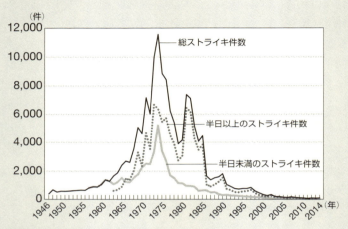

出所：厚生労働省「労働争議統計調査」
注：1963年以降は半日以下のストライキも含む。

図表2-2-3　出生数と春闘賃上げ率の連動性

出所：厚生労働省「人口動態統計」、厚生労働省労使関係担当参事官室の集計の集計
注：1947～1972年は沖縄県を含まない。

●政策対応の限界

　政府は2015年に若者雇用促進法を制定しました。企業・事業主に対して職場情報を具体的に公表し、国の基準を満たした中小企業を「ユースエール企業」として認定し、中小企業への若者の定着を図ろうとしています。しかしながら、こうした取り組みの推進主体は企業であり、かつ努力義務でしかありません。若者の人材育成に力を入れていた企業を知ることはできても、若者雇用の改善を社会に広げるにはこれだけでは不可能です。

　どうしてそう言えるのでしょうか。この国は正社員というカテゴリーが広がる70年代後半以降、労働者は労働基本権を使った労働・生活条件の改善ができなくなっています。ストライキ権はあっても使っていません[→**図表2-2-2**]。各職場では労働条件を改善する自浄能力がなくなっています。この結果、賃金の上昇もできず、労働者は結婚を先送りし家族の数を減らして対応する「ストレス社会」とも言えます。また70年代後半以降、ストの減少による賃上げが抑さえられ、出生数の減少が起きています[→**図表2-2-3**]。正社員は労働基本権をそがれた働き方に慣れてしまい、会社の待遇改善に口を出すことが封印され、より激しい競争を勝ち抜くことに傾倒させられていきます。この流れに抗することは簡単ではありませんが、労働組合等の社会集団が企業や社会に働きかけることで問題を共有し社会的なルールになるよう活動が期待されています。　　　　　　　　　　　　　　　　　　　　　　〈石井まこと〉

[**参考文献**]
森岡孝二『雇用身分社会』岩波新書、2015年。
小林美希『ルポ"正社員"の若者たち――就職氷河期を追う』岩波書店、2008年。
濱口桂一郎『新しい労働社会』岩波新書、2009年。

3 若者と転職

我慢が足りない？

　新規学卒者が就職してもわずかな年数で辞める。就職後3年で辞めるのが中学卒でほぼ7割、高校卒でほぼ5割、大学卒でほぼ3割。これをもって「七五三現象」と呼ばれることがあります。キャリア教育（→本書第2章1「キャリア教育の落とし穴」）が唱えられた背景にはこうした現象を是正しようという意図もありました。

　図表2-3-1に見られるように、こうした現象は1980年代後半バブル経済期にも見られたものでしたが、そのころに登場したフリーター（→本書第2章4「フリーターという働き方」）への風当たりは今日よりもずっとマイルドだったことにもうかがわれるように、当時は「七五三現象」は問題視されませんでした。

　もう少し丁寧に**図表2-3-1**の推移をながめると、中学卒、高校卒、短大等卒、大学卒のいずれにおいても1993〜95年（平成5〜7年）にかけてと1999〜2000年（平成11〜12年）の時期に増加傾向へ転じています。この2つの時期はどんな様相だったのでしょうか。

　はじめに1999〜00年の時期について見ましょう。帝国データバンクによると、99年の企業の倒産件数は1万5460件で3年連続して1万5000件を越え、バブル崩壊後では98年（1万9171件）、97年（1万6365件）に次ぐ3番目の年となりました。さらに、00年には企業の倒産件数は1万9071件（前年よりも23.4％増）で戦後4番目を記録し、そのうち不況型倒産1万4372件で戦後最悪。上場会社の倒産12件も過去最高。負債総額23兆9874億2400万円でこれは戦後最悪を記録した年です。この時期に会社を去った若者たちはこの数値に示されるような事態の影響を直接間接に被ったと考えられるでしょう。そしてバブル崩壊から数え

図表2-3-1　学歴別卒業後3年以内離職率の推移

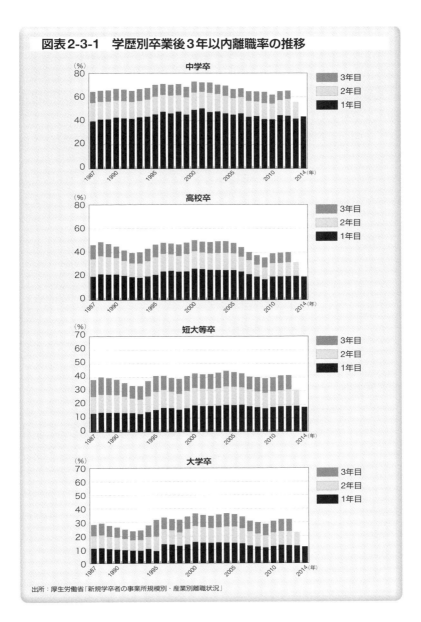

出所：厚生労働省「新規学卒者の事業所規模別・産業別離職状況」

て「失われた20年」ともいわれる経済の低迷は今日まで20年以上も続いています。

つぎに、1993〜95年の時期について見ましょう。この時期はバブル経済が崩壊して、"リストラ"が流行語となり、年功賃金と終身雇用の終えんが叫ばれ、代わって成果主義と労働市場の流動化がもてはやされた時期と重なります。リストラでは多くの場合、本人が希望して退職するのではなく、会社に希望された「希望退職」で会社を去ることになります。年功賃金と終身雇用をもうやめるとして導入した成果主義賃金が職場の人間関係を悪化させ、またメンタルヘルス問題をさまざまに引き起こしたことはよく指摘されます。

学校を卒業したばかりの若者がリストラの対象になったケースも少なくないでしょうし、そうでなくてもリストラが横行する職場で上司、先輩が辞めさせられていく様子に若者自らが会社を見限ったケースはさらに多いでしょう。もちろん、成果主義導入よる職場の荒廃からメンタルヘルスの問題などを原因として会社を辞めた場合もあったでしょう。そして、これは1993〜95年の時期に限らず、その後今日まで継続している事態です。

●成果主義だとがんばれるか

経営者、また経営者でなくても経営者に与しようとする立場の人からは当然に成果主義に対する批判がきかれることはめったにありません。しかし、次のように語る人もいます。「人を道具やコストと考えるようになり、会社が生き残るためにリストラを実施し、いくら報酬を払えば働くのかという単純な価値観に基づいて人を競わせる」、「成果主義は共同体を破壊する行為であり、経営者自ら組織破壊的な行動を始めているとしか思えません」と語るのは城南信用金庫の吉原毅相談役（前理事長）です。実際、いつリストラがあるか知れないなかで社員どうしが競い合えば、先輩、同僚のみならず、後輩をもやがて自身を脅かす存在と受け止めるようになるでしょう。吉原氏は「もし、そんな賃金

64　第2章─若者の働き方を考える

制度を従業員に強いるのであれば、まず経営者自身が給与をゼロにするなど身銭を切ってから従業員の給与に手をつけるべきです」と手厳しい（溝上憲文「『下町ロケット』佃製作所の強みは『給料制度』だった」2015年12月18日、PRESIDENT Online、http://president.jp/articles/-/16954）。

　このように経営者が先頭に立って「組織破壊」した企業の職場から若者が去ったとしても無理はないでしょう。キャリア教育ということばと考えが登場してきたのは1999年ごろでしたが、そうした企業のあり方は是認して、反対に、若者をキャリア教育によって作りかえて、吉原氏が批判するような企業に適応させようとするならば、これは無理に無理を重ねようとする振る舞いというべきではないでしょうか。

　しかし、それでも、「七五三現象」に関わって"今時の若者たち"が問題として言及されるときの特徴的な論法は、若者に責任があるとするものが多いようです。家庭で家事育児をしたり家族と過ごす時間を奪うだけでなく、それ自体が過労死の原因となる長時間労働やサービス残業。女性差別に加えて、企業内に横行するさまざまなハラスメント。"リストラ"、成果主義が引き起こす職場における人間関係の悪化と、それに連動するメンタルヘルスの問題。「七五三現象」を解消するためにはこれらの問題への取り組みが必要なのだという議論はごく少数にとどまります。

　そして、若者が同じ職場で働き続けるためには、労働者の権利を学び、同時に職場の安全衛生を含む労働条件どのように改善していけばよいか——職場に不満や批判を抱く若者が働き続けようとするときにそれらは最も必要で有益な知識でしょう——を教育すべきという議論も同様にあまり聞かれません。

●若者の過労死、過労自殺

　2001年12月、「朝早くから夜遅くまで会社にいて、行動を管理され周囲から厳しいことが言われる状況の中で、それに対して『自分』がなくなってしまいました。／自分がどんな人間で何を考え、何を表現す

ればよいのかが分かりません。／もう少し強い自分でありたかったです」と走り書きして20代の女性がビルから身を投げました。入社2年、上司からは「朝8時には出社し、仕事が終わるまでは帰るな」という指示を受けていました（川人博『過労自殺と企業の責任』旬報社、2006年）。

2008年6月、「体が痛いです。体が辛いです。気持ちが沈みます。早く動けません。どうか助けて下さい。誰か助けて下さい」とやはり20代の女性が手帳に記してから1ヵ月足らず、入社2ヵ月で身を投げました。この会社は入社時の説明会で「不満があれば、すぐ上に伝えるから」「労組を作ってはならない」という趣旨の説明をしていました（産経WEST「入社2ヵ月で過労自殺した「ワタミ」の26歳女性社員……手帳に「気持ちが沈む。早く動けない。誰か助けて」2013年7月26日、http://www.sankei.com/west/news/130726/wst1307260076-n1.html」）。

彼女たちを雇用していた会社はどちらも「取り組んだら離すな、殺されても離すな、目的完遂までは」、あるいは「365日24時間死ぬまで働け」といった文言を含む働き方の理念集のようなものを配布していました。とくに前者は2000年3月に出された電通事件最高裁判決（24歳の男性が長時間労働のためうつ病に罹患し自殺死した事件）の最高裁でも問題視されたものですが、どちらもうりふたつと言えばよいでしょうか。

過労死事件に取り組んでいる川人博弁護士が「過度の精神主義を強調する行動規範が、従業員に長時間サービス残業を余儀なく」させると指摘し、先の産経WESTの記事が「"洗脳"のように繰り返す"労使一体"……母『娘から冷静な判断力を奪った』」との見出しで伝える職場の風景を例外とは言えないでしょう。むしろ、ありふれたものとなりつつあるのではないでしょうか。

「七五三現象」はそのような「"労使一体"」が強調される、「破壊」された、会社と対等に交渉する労働組合もない職場で、追い込まれた若者たちが自らを守るための止むに止まれぬ決断の結果と思われます。

中高年の労働市場の流動化、つまりリストラには無批判かつ性急で

ありながら、それらを目の当たりにしている若者の労働市場の流動化、つまり「七五三現象」を問題として捉えるというのでは、そもそも筋の通らぬ話となるでしょう。朝から夜まで「行動が管理され周囲から厳しいことが言われる」職場、「誰か助けてください」と口にできずに手帳に記すしかない職場、成果主義賃金が当然視され、上司や先輩が希望退職の「希望」を強制され、リストラされていく様子を目の当たりにする職場。若者がそうした職場でずっと働き続けたいとどうして思えるでしょうか。

　「七五三現象」を解決していくためには、成果主義を廃して査定を規制した年功賃金と終身雇用を再建して、生活と仕事の安定と両立を図ること、そのために労働者の権利を周知し擁護する社会的な土壌が必要でしょう。

　労働市場の流動化を推し進め、自己責任論を鼓吹しながら1980年代から30年以上も世界中を席巻した新自由主義に対して、諸外国でもようやくブレーキをかけようとする様々な取り組みが現れてきました。日本でも様々な取り組みが少しずつ現れています。どこの国においても、それらの運動は、投票権を行使して政治家を選んで後は任せるだけにするのではなく、労働組合や市民、両者の日常的な協働によって担われています。労働者市民の生活を安定させ擁護する社会の土壌を耕すのは、収入や出世を競うことに違和感を覚える、しかし、やり甲斐のある仕事と気が置けない仲間、そしてささやかな生活を望む「99パーセント」の人々の協働の仕事でしょう。　　　　　　　　　　〈赤堀正成〉

[参考文献]
川人博『過労自殺　第二版』岩波新書、2014年。
中澤誠・皆川剛『検証ワタミ過労自殺』岩波書店、2014年。
高橋祐吉『現代日本における労働世界の構図』旬報社、2013年。

4 フリーターという働き方

幻想としての「自由」

　フリーターが登場してきたのは1980年代後半のバブル経済と呼ばれた時期です。そのころまでの日本社会には「標準」と見なされる人生設計モデルがありました。高校、専門学校、短大、大学などを3月に卒業すると翌月の4月には新入社員として会社に採用されてそこで定年まで働き続ける、というもので、60年代ごろにできあがったものです。

　バブル期に注目されたフリーターとは、そうした「標準」の人生設計モデルから自覚的、主体的に逸脱した若者たちと見なされました（見なされました、というのはその時だって今日と同様に正社員になれずに仕方なくフリーターになった人たちがいたにちがいありませんから）。

　あえて正社員にならずに、アルバイトなどの非正規雇用でかつかつの生活費を得て、俳優、ミュージシャン、アーティスト、芸人等々を目指す、野心を胸に秘めたストイックな若者たち——当初のフリーターのイメージとは、じつはそういうものだったのです。今日ではにわかに信じられないかも知れませんが、1990年代前半にバブル経済が崩壊するまではフリーターは、敷かれたレールに満足せず夢を追いかける若者たちとして、なかなか見所があると時にはもてはやされもしていたのです。

　そうしたフリーターに対する肯定的で寛容な論調が、まるで手のひらを返すように！　と言いたくなるほど大きく否定的なものに変化したのはバブル崩壊後の90年代後半からのことです。

　このころから、フリーターに対して辛らつで過酷なイメージがマスメディアによって強調されるようになりました。フリーターとは、真面目に働く気のない怠惰な若者、そうでなければ、フリーターとはそもそも

68　第2章—若者の働き方を考える

大した力もないのに身の程知らずにも大きな夢を抱いて云々と批判されるようになりました。そして、このままでは将来の社会保障システムは崩壊してしまうし、なによりフリーターたちは現在を怠惰に過ごしながら、やがてはその社会保障に依存して生き抜こうとしているのだ、モンダイだ！　というように。

　世紀の代わり目ころに文部科学省を中心に「キャリア教育」が登場してくる背景にはこうして流布されたフリーター理解も大きくかかわっていたように思います。つまり、分不相応の夢を抱く若者、働く気のない若者、働いてもすぐに辞めてしまう若者たちをそうならぬように教育し、作りかえればなければならない、というわけですね。

●フリーターは何人いるか

　ところで、フリーターの人数について『2003年版国民生活白書』は2001年のフリーターは417万人、やはり『2003年版労働経済白書』は02年のフリーターは209万人としました。だからといって、01年から02年の1年間でフリーターが半減したわけでありません。2つの白書では「フリーター」の定義が異なっていたからです。

　『2003年版国民生活白書』のいうフリーターとは「15〜34歳の若年（ただし、学生と主婦を除く）のうち、パート・アルバイト（派遣等を含む）及び働く意志のある無職の人」です。『2003年版労働経済白書』のいうフリーターとは「15〜34歳と限定し、現在就業している者については勤め先における呼称が『アルバイト』または『パート』である雇用者で、男性については継続就業年数が1〜5年未満の者、女性については未婚で仕事を主にしている者とし、現在無業の者については家事も通学もしておらず『アルバイト・パート』の仕事を希望する者」です。

　まとめると、『2003年版労働経済白書』は、『2003年版国民生活白書』と異なり、「派遣等」を含まず、「勤め先における呼称が『アルバイト』又は『パート』である雇用者」に限定し、さらに男性については継続就業年数が1年未満ないし5年以上の「アルバイト」または「パート」を

除外しました。また、「働く意志のある無職の人」ではなく、「家事も通学もしておらず『アルバイト・パート』の仕事を希望する者」を「無業者」としてフリーターにカウントしました。したがって『2003年版国民生活白書』だとフリーターとしてカウントされる、正社員を希望して派遣で働いている人、正社員を希望して失業状態にある人は『2003年版労働経済白書』ではフリーターとはされていないのです。

　2つの広狭の定義を比べると、『2003年版国民生活白書』の広い定義の方が「フリーター」と呼ばれる存在によく合致するように思われます。

　さて、**図表2-4-1**は、『2015年版子供・若者白書』に掲載されたものです。フリーターの推移を見る際に最近よく用いられるものだと思いますので紹介します。この「フリーター」の定義は表の下に小さな字で書かれてあります。いま見た2つの白書とも異なりますが、『2003年版労働経済白書』により近い定義ですね。『2015年版子供・若者白書』はこの表を示して「この数年はおおむね横ばいで推移しており、平成26(2014)年には179万人となった。年齢階級別にみると、15〜24歳では減少傾向にあるものの、25〜34歳の年長フリーター層は平成21(2009)年以降増加傾向にある」としています。

　しかし、フリーターを、女性の既婚未婚を問わず、男女ともに15歳から34歳までの派遣等を含む非正社員、ただし、失業者は含まない、というように、つまりフリーター＝非正社員とするとどうなるでしょうか。フリーターという言葉は日常では若年の非正社員全般を指して用いられることが多いように思われるからです。

●**好景気でもフリーターは増えた**

　不況だからフリーターが増えるのは仕方ないという声もしばしば聞かれますが、内閣府の「景気動向指数研究会」によれば、2002年2月から07年10月までの5年9ヵ月は1945年以来、戦後最長の好景気でしたから、そうした考えは妥当しないようです。そのことをよく示すのが、**図表2-4-2**です。

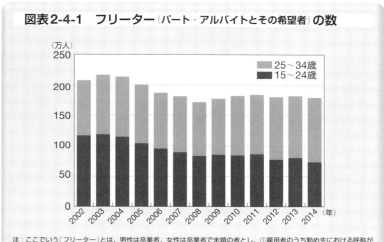

図表2-4-1 フリーター(パート・アルバイトとその希望者)の数

注：ここでいう「フリーター」とは、男性は卒業者、女性は卒業者で未婚の者とし、①雇用者のうち勤め先における呼称が「パート」か「アルバイト」である者、②完全失業者のうち探している仕事の形態が「パート・アルバイト」の者、③非労働力人口で家事も通学もしていない「その他」の者のうち、就業内定しておらず、希望する仕事の形態が「パート・アルバイト」の者としている。
出所：内閣府『子ども・若者白書』(平成27年版)

図表2-4-2は総務省「労働力調査」から、15歳から24歳、25歳から34歳までの「非正規の職員・従業員」の人数と比率を示したものです。「非正規の職員・従業員」の内訳は「パート・アルバイト」、「労働者派遣事業所の派遣社員」、「契約社員」、「嘱託」、「その他」ですが、ここでは一括して、「非正規」として示します。

15歳から24歳では2002年に142万人、2004年に151万人、2006年145万人というように変動が見られますが、しかし、15歳から24歳および25歳から34歳の非正規労働者を単純に加算すると2002年413万人、03年431万人、04年461万人、05年469万人、06年475万人、07年457万人、08年449万人、09年421万人、10年414万人、11年421万人、12年406万人、13年414万人、14年410万人となります。

先述した、2002年から06年までの戦後最長の好景気の時期に「非正規」は413万人から475万人と一貫して増大し、その好景気の終りの年である07年に457万人と減少します（もちろん、減少した人たちの多くは正社

図表2-4-2　若年の非正規労働者の割合

男女計 年次	15-24歳 非正規の職員・従業員（万人）	15-24歳 非正規の職員・従業員（%）	25-34歳 非正規の職員・従業員（万人）	25-34歳 非正規の職員・従業員（%）
2002年	142	29.7	271	20.5
2003年	148	32.1	283	21.5
2004年	151	33.3	310	23.3
2005年・	*149*	34.2	*320*	24.3
2006年・	*145*	33.1	*330*	25.2
2007年・	*130*	31.2	*327*	25.8
2008年・	*133*	32.0	*316*	25.6
2009年・	*115*	30.0	*306*	25.7
2010年・	*112*	30.4	*302*	25.9
2011年	〈117〉	〈32.3〉	〈304〉	〈26.4〉
2012年	109	31.2	297	26.5
2013年	113	32.3	301	27.4
2014年	107	30.7	303	28.0

注：1）労働力調査では、2011年3月11日に発生した東日本大震災の影響により、岩手県、宮城県及び福島県において調査実施が一時困難となった。
　　　　ここに掲載した、2011年の数値は補完的に推計した値（2010年国勢調査基準）である。
　　2）2012年平均から算出の基礎となる人口を2010年国勢調査の確定人口に基づく推計人口（新基準）に切り替えた。ここでは、この切替えに伴う変動（全国の15歳以上人口で約69万人の増加）を考慮し、2005年から2010年までの数値（「年次」欄に「・」を付してある太字イタリック書式の数値）について、2012年以降の結果と接続させるため、時系列接続用数値（2010年国勢調査の確定人口による補正ないし遡及を行ったもの）に置き換えて掲載した（比率は除く）。このため、当該期間の数値は、各年の報告書の数値及び統計表やe-Stat上のデータベースの数値とは異なる。
　　　　［参考］http://www.stat.go.jp/data/roudou/120220/index.htm
　　3）割合は、「正規の職員・従業員」と「非正規の職員・従業員」の合計に占める割合を示す。
　　4）「契約社員」、「嘱託」については、調査票の変更に伴い表章項目を2013年から「契約社員・嘱託」を「契約社員」、「嘱託」に分割している。
　　5）「非正規の職員・従業員」について、2008年以前の数値は「パート・アルバイト」、「労働者派遣事業所の派遣社員」、「契約社員・嘱託」及び「その他」の合計、2009年以降は、新たにこの項目を設けて集計した数値を掲載している。
出所：総務省統計局「労働力調査」

員になったのではなく失業者になったでしょう）。好景気の時期にもフリーター＝非正規は増大したのです。2000年代に入ってフリーターが増大している時期に新自由主義政策の旗をふる有力な論客がビジネス誌で明け透けに、フリーターは社会にはまったく不要だが会社に絶対に必要不可欠だ、と語っていたことが思い出されます。

このように人数については、2006年475万人をピークに、以降、増減を繰返して減少する傾向は見られます。しかし、同じ表で比率についてみると、15歳から24歳までの年齢階層で最も非正規率が高かったのは05年の34.2%で14年はそれよりも3.5ポイント減少して30.7%、25歳から34歳までの年齢階層では02年から一貫して増大し続けて14年の28.0%が最大となります。

厚生労働省『平成26年就業形態の多様化に関する総合実態調査』によれば「正社員以外の労働者」つまり非正社員は2014年に4割になりました。ここでは触れられなかった35歳以上の、すでに若年とは呼ばれない、いわゆる「中高年フリーター」の問題ともあいまって、フリーター問題は自己責任論で糊塗できず、ますます社会が解決を迫られている問題として発展し続けているように思われます。　　　　〈赤堀正成〉

［参考文献］
高橋祐吉『現代日本における労働世界の構図』旬報社、2013年。
赤堀正成・岩佐卓也編『新自由主義批判の再構築』法律文化社、2010年。
石井まこと・兵頭淳史・鬼丸朋子編『現代労働問題分析』法律文化社、2010年。

5 まん延する「ブラック」企業と若者

●経済の活性化とブラック企業の成長

　今野晴貴は著書『ブラック企業』で「すべての日本企業はブラック企業になりうる」(p.190) としています。ブラック企業とは、労働法や労働基本権を無視した働かせ方を強要する企業のことを指すのですが、労務管理の手口が巧妙であり、企業内の労務事情は当該労働者しかわからず情報が共有化されず、自分がブラック企業で働いていることを自覚することは難しくあります。今や営利企業に限らず、官公庁、非営利企業でも、ブラック企業の要素は入り込んでいます。官公庁では官製ワーキング・プアという非正規公務員の問題があり、非営利企業でも国自治体からの支援に依存する場合、非正規公務員と同様の問題が起きてきます。これらは、労務管理上の問題であると同時に、規制緩和や自由化を通じて経済を活性化させようとする背景があることを押さえておかなければなりません。

　ブラック企業が増加していることを示す資料はいろいろあります。過労死・過労自殺の存在（年間過労死・過労自殺100人超の認定）、不払い残業の摘発（2013年度で1417社123.4億円の是正）、労働相談件数の増加（2014年度個別労使紛争総合労働相談件数103.3万件）など、ブラック企業が身近に存在しています。労災の精神障害等の請求件数における若者の件数も高く、ブラック企業の労務管理が若者にも襲いかかっています［→**図表2-5-1**］。

　ブラック企業の広がりは、労働者の権利が弱くなっていることを意味しています。企業の営利と労働者の生活を求める力関係が均衡することで社会は健全化していきます。ブラック企業の広がりは若者のライフコースを著しく狂わせるだけでなく、社会の維持を危うくしていま

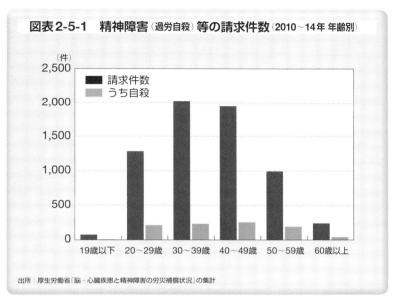

図表2-5-1 **精神障害(過労自殺)等の請求件数**(2010〜14年 年齢別)

出所:厚生労働省「脳・心臓疾患と精神障害の労災補償状況」の集計

す。過労死・過労自殺により尊い命がなくなることはいうまでもありません。死にいたらなくとも働くことが困難な心身状態になり、経済的自立ができず福祉や社会保障の対象になってしまうことにもなります。厚労省ナショナルミニマム研究会(2000年)の試算では、若者が生活保護を受けることになれば、1人1億円の社会的コストが発生するとされています。

●**経済優先の雇用施策**

ブラック企業がなぜ広がるのでしょうか。原因は、政労使の3つの側面から説明できます。まず、政府は従来から弱かった労働者保護に関する規制に対し、労働者保護より経済成長の果実を優先する施策にかじをきりました。当初は小さい規制緩和をおこない、あとで大きくしていくやり方がとられやすく、1985年に成立した労働者派遣法はその典型例です。アメリカの大手証券会社の倒産から始まったリーマンショックは「派遣切り」として直撃し、多くの労働者のライフコースを狂わせ

ました。そこで2008年以降、政府は失業者の増加をみながら緊急雇用対策をおこない、地方自治体に雇用創出策を委託します。しかし、あくまでもそれらは「つなぎ」の仕事であり、自立を求める若者は一定期間たてば再び路頭に迷うことになってしまいました。

●人件費削減頼みの経営

つぎに使用者について、竹信三恵子が「人件費削減頼みの経営」(『ルポ　雇用劣化不況』)と指摘しているように労務コストの削減を徹底化することでビジネスが成長するモデルが広がっています。80年代後半に日本の経済大国化により有名になった日本型雇用は、正社員の長時間労働と非正社員の低賃金により「人件費削減」をしてきました。90年代後半は社会主義経済圏での市場化も進み、グローバルな市場化は加速化します。これらを背景に政府の規制緩和で緩んだ労働法制を活用する労務費削減策が進んでいきます。

この結果、企業の利益は増加する一方、賃金は増加しませんでした[→**図表2-5-2**]。法的に認められた非正規雇用を活用して成長することに対して企業は、これは正当な経済活動でありブラックでない、と反論するでしょう。しかし、労働の成果を労働者に還元せず、過剰な就労で心身を破壊して労働者のライフコースを狂わせる「人件費削減頼みの経営」では社会は長続きしません。

●労働組合の不在

労働者については、労働組合の組織力が弱く、規制が弱い産業・企業への就業者が多くなっていることです。現在、日本の労働組合組織率は17.4%(2015年「労使関係総合調査」)と少数派ですが、民営企業1000人以上でみると組織率は45.7%と約半数となっています。大手企業では90年代後半以降は就職氷河期とも言われたように新卒正社員採用に選抜を強くし、正社員は狭き門になりました。今日、小売・卸売・飲食店やサービス業が成長産業として労働需要を伸ばし多くの若者や女性を吸収していますが、これら業種では、労働集約の業務が多いため人

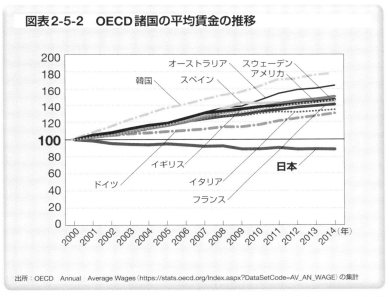

図表2-5-2　OECD諸国の平均賃金の推移

出所：OECD　Annual　Average Wages（https://stats.oecd.org/Index.aspx?DataSetCode=AV_AN_WAGE）の集計

件費削減経営が広がりやすく、ブラック企業として名前があがる企業が多く存在する業種でもあります。

　労働組合に入れば団体交渉によって労働条件が改善できる糸口があるのですが、その権利を使わない、使えないようになっています。その結果、従順な若者はまともな労働条件が何かわからないままに適応して体調を壊すことや、過酷な労働におかしいと思い再就職を選択しても求人を大量に出すブラック企業へまた戻るという事態が起きます。長く不安定な雇用が続き、家族との関係がうまくいかなくなり、離家できないのに自立してしまい、ホームレス状態に陥る人もいます（飯島裕子・ビッグイシュー基金『ルポ　若者ホームレス』）。

●教育機関の責任

　現在の日本は政府の規制緩和、労務費削減の経営、労働組合の不在というブラック企業がまん延しやすい環境になっています。2015年には「一生派遣法」とも揶揄され、派遣労働の人さえ置き変えれば派遣を

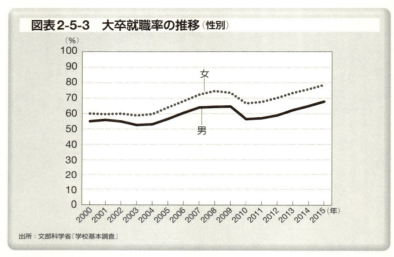

図表2-5-3　大卒就職率の推移（性別）

出所：文部科学省「学校基本調査」

使い続けることが可能になる改正派遣法が成立してしまいました。また、労働市場の相談窓口でもあるハローワークも基本的には求人は受け入れなければならないため、公的紹介でも紹介企業がブラック企業でないことを担保されているわけではありません。なお、2015年青少年雇用促進法により、ようやく労基署の指導を受ける企業求人は拒否できるようになっています。

　加えて、今野は「現在の就職活動は、まさに『ブラック企業のためにある』」と指摘しています。学校基本調査の大卒後の就職率をみるとリーマンショックで低下するものの、やや上昇傾向です［→**図表2-5-3**］。これは学校から就職が連続していることを示していますが、教育機関の評価を上げるためにブラック企業の可能性の高い企業に若者が追い込まれていることを同時に示しています。

●企業の働かせ方を考えていく

　ところでブラック企業とされる企業には多くの労働者が就労し、生計を立てています。ブラック企業で批判されるべきは労務管理のあり方であり、労使対等の健全経営にすることが大切です。健全経営にす

るには外圧としてマスコミ等による批判も是正圧力になります。ただし、スポンサーとしての影響力をもつ場合、外圧は緩くなってしまいます。居酒屋チェーンの「ワタミ」の過労死事件はマスコミでもかなり取り上げられブラック企業としてのイメージが定着し、外圧が強くかかりましたが、2014年のブラック企業大賞「ヤマダ電機」や15年の同大賞「セブン‐イレブンジャパン」は、厳しい労務管理のなかで自殺者も出しても、マスコミの大手スポンサーでもあるためかマスコミで取り上げられることは少なくなっています。

●労働行政を機能させるための労働組合

是正圧力としてのもう一つの外圧は労働行政による指導です。不払い残業の摘発やセクハラ・パワハラも含む労働環境全般に関する相談制度があります。労働組合がある場合には労働委員会によるあっせん・救済を使いながら解決に導くことができます。労働行政では、男女雇用機会均等、不払い残業の是正、最近ではパワハラ対策を兼ねて2015年より50人以上の事業場ではストレスチェック制度によるストレス管理が導入されます。

しかし、こうした労働行政を有効に機能させるには会社の労務管理とは一線を画した労働組合が必要です。今日、ホワイトカラーエグゼンプション制度に代表される規制緩和の流れは強まりつつあるものの、過労死防止法（2014年）、労働契約法（2008年）といった労働条件維持に活用できる法律が整備されてきています。これら法律、行政基準が労働の現場で趣旨どおりに真に活用されるためには経営にものいう労働者集団である労働組合の活動が欠かせません。このために労働の主人である労働者一人ひとりが活動し、力を合わせるしかないのです。

〈石井まこと〉

[参考文献]
今野晴貴『ブラック企業‐日本を食いつぶす妖怪』文春新書、2012年。
竹信三恵子『ルポ　雇用劣化不況』岩波新書、2009年。
飯島裕子・ビッグイシュー基金『ルポ　若者ホームレス』ちくま新書、2011年。

6 やりがいか それとも 労働条件か

「職業の選択にさいしての一青年の考察」という文章の中で「地位の選択にさいしてわれわれを導いてくれなければならぬ主要な導き手は、人類の幸福であり、われわれ自身の完成である。これら両方の利害がたがいに敵対的にたたかいあうことになって、一方が他方を滅ぼさなければならないのなどと思ってはならない」云々と書いたのは17歳のカール・マルクスです（参照、内田樹・石川康宏『若者よ、マルクスを読もう　20歳代の模索と情熱』）。

もちろん、今日の若者はこんな物々しい調子で語ることはないでしょう。しかし、このように自分の成長と社会の幸福を重ね合わせて生きていこうとする考えを抱く若者は今日の日本にも少なくないと思います。**図表2-6-1**は日本生産性本部がおこなった「2015年度新入社員『働くことの意識』調査結果」から「仕事についてのあなたの考えや希望についてお聞きします」という問いへの回答を示したものです。

●新入社員にとっての「仕事」

それによれば、1位「仕事を通じて人間関係を広げてゆきたい」（94.8％）、2位「社会や人から感謝される仕事がしたい」（93.3％）、3位「どこでも通用する専門技術を身につけたい」（92.3％）、4位「ワークライフバランスに積極的に取り組む職場で働きたい」（89.8％）、5位「高い役職に就くために、少々の苦労はしても頑張る」（85.0％）、6位「これからの時代は終身雇用ではないので、会社に甘えることはできない」（78.4％）、7位「仕事を生きがいとしたい」（75.8％）となっています。ここまでが4人に3人以上がイエスと回答した設問になります。

「人間関係を広げてゆきたい」、「専門技術を身につけたい」、「少々の

80　第2章―若者の働き方を考える

図表2-6-1　就労意識のランキング

順位	項目番号	内容	数値
1位	(7)	仕事を通じて人間関係を広げていきたい	94.8
2位	(13)	社会や人から感謝される仕事がしたい	93.3
3位	(3)	どこでも通用する専門技術を身につけたい	92.3
4位	(16)	ワークライフバランスに積極的に取り組む職場で働きたい…新設	89.8
5位	(9)	高い役職につくために、少々の苦労はしても頑張る	85
6位	(12)	これからの時代は終身雇用ではないので、会社に甘える生活はできない	78.4
7位	(1)	仕事を生きがいとしたい	75.8
8位	(6)	仕事をしていくうえで人間関係に不安を感じる	66.5
9位	(14)	できれば地元（自宅から通える所）で働きたい	65
10位	(2)	面白い仕事であれば、収入が少なくても構わない	51.5
11位	(15)	海外の勤務があれば行ってみたい	43.7
12位	(11)	職場の上司、同僚が残業していても、自分の仕事が終わったら帰る	41.5
13位	(4)	(4)いずれリストラされるのではないかと不安だ	40.2
14位	(8)	仕事はお金を稼ぐための手段あって、面白いものではない	35.7
15位	(10)	職場の同僚、上司、部下などとは勤務時間以外はつきあいたくない	22.8
16位	(5)	いずれ会社が倒産したり破綻したりするのではないかと不安だ	21.8

注：（　）内の数字は、調査項目の質問番号

苦労はしても頑張る」というのは自分の成長を願ってのものでしょう。さらに2人に1人が「面白い仕事であれば、収入が少なくても構わない」（51.5%）と回答しています。そして、こうした意識が「社会や人から感謝される仕事がしたい」（93.3%）、「仕事を生きがいとしたい」（75.8%）という気持ちと強く結び付いている様子もうかがえます。

　このように自分の成長と社会の幸福とを結びつけようとする感情は多くの人々が抱いているもので、青年となったマルクスが26歳のとき『経済学・哲学草稿』でつかんだ「類的存在」としての人間と重なるでしょう（参照、内田・石川前掲書）。

●「仕事」への不安

　しかし、それだけではなく、「ワークライフバランスに積極的に取り組む職場で働きたい」（89.9%）と思いながら同時に「これからの時代は終身雇用ではないので、会社に甘えることはできない」（78.4%）という意識、

また「仕事をしていくうえ人間関係に不安を感じる」（65.0％）、「いずれリストラされるのではないかと不安だ」（40.2％）、「仕事はお金を稼ぐための手段であって、面白いものではない」（35.7％）、「職場の同僚、上司、部下などとは勤務時間以外はつきあいたくない」（22.8％）という意識には、やはり『経済学・哲学草稿』で考察された、アンケートに答えた新入社員のうちに早くも働くことに潜む「疎外」があらわれているようです。仕事を通じての自分の成長と社会（会社？）の幸福とは現状において自動的に重なりはしないのではないかという懐疑や不安がにじんでいるように思います。

　「やりがいかそれとも労働条件か」という問いは、仕事とは目的なのか、あるいは手段なのかという問いに置き換えられます。仕事をまったく手段化してしまえば、つまり生活の糧を得るためだけのものとしてしまえば、仕事を通じて社会に参加し、社会の一端を担うことで自分が成長するチャンスが乏しくなってしまうでしょう。もちろん、近隣や地域、友人とのつながりの中でだって社会的に成長し、社会の幸福に貢献して生きることもできますが、しかし、日々の、したがって生涯の、少なからぬ時間を割く労働をまったく手段化せざるをえないとすれば当人にとっても社会にとっても残念なことです。

　また、かといって仙人のようにかすみを食べて生きていけるわけではありませんから、だれでも「人並み」の生活を維持できる賃金が必要だし欲しい。その意味では労働は生活の手段という側面を必ず伴うので、そのことで非難されるべきではないでしょう。ファーストフードでアルバイトをしている人たちが時給1500円を要求すると「それでは日本経済がもたない」などと言われることがあります。すると、非正規労働者の生活困窮によって現在の「日本経済」は維持されているわけです。ならば、そもそも、そういう「日本経済」をもたしていいのか、という疑問も起こるでしょう。

　しかし、今日の日本の職場には新入社員の希望の実現を後押しし、

不安をやわらげる要素が乏しいことが危惧されます。それを裏付ける
ものとして、ここでは国連社会権規約委員会が採択した日本政府報告
書に対する総括所見（2013年5月）を見ることにしましょう。社会権規約
とは国際人権規約の自由権規約（「国際人権規約B」）と並ぶもので、正式に
は「経済的、社会的及び文化的権利に関する国際規約」といい、「国際
人権規約A」と呼ぶこともあります（参照、外務省HP）。

　社会権規約委員の総括所見では30あまりの項目について日本に対し
て勧告がなされています。勧告のなかでとくに雇用労働に関係するも
のは7つ、項目13「ジェンダー役割・ステレオタイプについて（雇用の差
別）」（社会権規約第3条に関わって）、項目15「雇用・職業における差別につい
て」（社会権規約第6条に関わって）、項目16「有期労働契約の不利な労働条
件」、項目17「長時間労働について」（社会権規約第7条に関わって）、項目18
「最低賃金について」（社会権規約第7条、第9条、第11条に関わって）、項目19
「男女の賃金格差について」（社会権規約第7条に関わって）、項目20「セクシュ
アル・ハラスメントについて」（社会権規約第7条に関わって）、項目21「移民
労働者について」（社会権規約第7条に関わって）がそれらです。

　いずれも今日の日本が抱える重要な問題ですが、ここでは紙幅の都
合から、格差社会に関わる「有期労働契約の不利な労働条件」、「最低賃
金について」、そして「長時間労働について」にふれましょう（全文は、
日本弁護士連合会『社会権規約委員会の総括所見の活かし方と今後の
課題』（2015年8月31日）に掲載されています）。

　「有期労働契約の不利な労働条件」という項で社会権規約委員会は
「雇用主による期間の定めのある契約（以下、「有期労働契約」という。）の濫用、
及びそのような契約の労働者の好ましくない労働条件に対する脆弱性
の懸念を表明する」（強調点は引用者、以下も同様）と述べています。

　また、「最低賃金について」の項では「委員会は締約国（日本：引用者補）
内の最低賃金の水準が最低生存水準及び生活保護水準を下回っている
こと、並びに生活費が増加していることに懸念を表明する」と述べ、さ

図表2-6-2　社会権規約（国際人権規約A）抜粋

第3条

　この規約の締約国は、この規約に定めるすべての経済的、社会的及び文化的権利の享有について男女に同等の権利を確保することを約束する。

第6条

　1　この規約の締約国は、労働の権利を認めるものとし、この権利を保障するため適当な措置をとる。この権利には、すべての者が自由に選択し又は承諾する労働によって生計を立てる機会を得る権利を含む。

　2　この規約の締約国が1の権利の完全な実現を達成するためとる措置には、個人に対して基本的な政治的及び経済的自由を保障する条件の下で着実な経済的、社会的及び文化的発展を実現し並びに完全かつ生産的な雇用を達成するための技術及び職業の指導及び訓練に関する計画、政策及び方法を含む。

第7条

　この規約の締約国は、すべての者が公正かつ良好な労働条件を享受する権利を有することを認める。この労働条件は、特に次のものを確保する労働条件とする。

　(a)　すべての労働者に最小限度次のものを与える報酬

　　(i)　公正な賃金及びいかなる差別もない同一価値の労働についての同一報酬。特に、女子については、同一の労働についての同一報酬とともに男子が享受する労働条件に劣らない労働条件が保障されること。

　　(ii)　労働者及びその家族のこの規約に適合する相応な生活

　(b)　安全かつ健康的な作業条件

　(c)　先任及び能力 (seniority and competence:引用者補) 以外のいかなる事由も考慮されることなく、すべての者がその雇用関係においてより高い適当な地位に昇進する均等な機会

　(d)　休息、余暇、労働時間の合理的な制限及び定期的な有給休暇並びに公の休日についての報酬

第九条

　この規約の締約国は、社会保険その他の社会保障についてのすべての者の権利を認める。

第11条

　1　この規約の締約国は、自己及びその家族のための相当な食糧、衣類及び住居を内容とする相当な生活水準についての並びに生活条件の不断の改善についてのすべての者の権利を認める。締約国は、この権利の実現を確保するために適当な措置をとり、このためには、自由な合意に基づく国際協力が極めて重要であることを認める。

　2　この規約の締約国は、すべての者が飢餓から免れる基本的な権利を有することを認め、個々に及び国際協力を通じて、次の目的のため、具体的な計画その他の必要な措置をとる。（後略）

らに「労働者及びその家族に相当程度の生活を可能にすることを確保する観点から、最低賃金の水準を決定する際に考慮する要素を再検討することを要求する」としています。

そして、「長時間労働について」では「相当数の労働者が過度に長い時間労働を続けていること」および「過重労働による死及び職場における精神的嫌がらせによる自殺が発生し続けていることに懸念を表明」しています。

社会権規約委員会の総括所見が述べる一々のこうした事柄を私たちはつい「自然」なこと、どうにもならぬことと見過ごしている瞬間があるかも知れません。しかし、今日、個人の成長と社会の幸福とを重ね合わせて生きていくことにはこうした事柄を自分自身でも同僚や仲間とともに改めていくことも含まれるでしょう。

非正規労働、最低生存水準を下回る最低賃金、長時間労働、女性差別等々という事象が存在するときとしないときとでは、私たちの社会や人間に対する感覚や意識、考え方までもが変わってくるでしょうし、したがって生き方も変わってくるでしょう。自分には関係ない、あるいは、自分は大丈夫だとしても、そうした社会環境に合わせて生きていくのならば、これらの事象は私たちをじつは見えない力で深く強く拘束していて、私たちの生き方を不自由にしていると言えないでしょうか。そうした不自由をまで「自然」なことと見なしてしまうと、結果として、ますます不自由になることが往々にしてあります。　　　　　〈赤堀正成〉

[参考文献]
高橋祐吉『現代日本における労働世界の構図』旬報社、2013年。
内田樹・石川宏康『若者よ、マルクスを読もう　20歳代の模索と情熱』角川ソフィア文庫、2013年。
日本弁護士連合会『社会権規約委員会の総括所見の活かし方と今後の課題〜第3回日本政府報告書審査をふまえて』(2015年8月31日)。
http://www.nichibenren.or.jp/library/ja/kokusai/humanrights_library/treaty/data/society_rep3_pam.pdf

第 **3** 章

ワークルールを
学ぶ

◉2013年の「新語・流行語大賞」に「アベノミクス」とともに「ブラック企業」がベストテン入りしました。もっぱら株価上昇のみを根拠として実態と実感抜きで日本経済の回復を喧伝する「アベノミクス」と、不当・不法な労働条件のもとで明日の希望なしに「ブラック企業」で過酷な労働を強いられる若者たちはメダルの表裏の関係にあります。

◉しかし、「ブラック企業」を追及・克服する手段を労働者は持っています。それがワークルールなのです。ワークルールを形成する法的枠組みの中でも重要な法律が労働基準法です。同法第1条には「労働条件は、労働者が人たるに値する生活を営むための必要を充たすべきものでなければならない」とあります。そもそも、過酷な労働を課して労働者を過労死に追いやるような企業の存在は認められていないのです。

◉労働基準法をはじめとする労働関連法は労働者の権利を保障する法律として、賃金、労働時間、安全衛生、雇用条件等の労働条件保障のみならず、労働者間の差別禁止や労使関係にかかる労働基本権を含むワークルールとして歴史的に形成されてきました。もちろん、近年、新自由主義的潮流の伸張にともない、さまざまな改悪が行なわれてはいますが、労働者の闘いの武器として重要な意義を有しています。ワークルールを学び、活用し、改善のために闘うことが労働者の未来にとってどうしても必要です。

① 働く、そして暮らす
ワークルールを学ぶ意義

●ワークルールはどのように作られてきたか

　ワークルールとは労働者にとっての労働に関する諸権利を指し、具体的には労働基準法等の労働関連諸法によって定められた労働者保護のための諸制度を指します。しかし、ワークルールは自然にできたものではなく、労働者の長年の闘争の結果勝ち取られた権利であり、したがってそれは労働者の不断の闘争がなければ剥奪されたり、内容が薄められたりする危険があります。とりわけ、新自由主義的潮流がばっこする今日のような状況のもとでは、規制緩和の旗印のもと「既得権」として常に否定的な評価が与えられ、縮小する危機が継続します。

　ワークルールの形成は歴史的なものであり、それは、資本主義発展の一定段階においてようやく果たされました。日本のワークルールの形成は、1911年の工場法を嚆矢とします。一般に、どの国においても、資本主義の発展の初期段階においては、労働者の権利が法的に定められることはなく、資本家＝使用者によって過酷な労働条件が課せられ、労働者およびその家族はようやく生命を維持するような状況にあり、労働の結果として労働者が死に直面することも決してまれではありませんでした。たとえば、明治期の日本資本主義発展をになった繊維産業の女性労働者は、長時間労働と深夜労働のもとで、健康を害し、命を落とすこともありました。1903年に公表された当時の日本の労働者の労働実態に関する調査報告書「職工事情」によれば、昼夜2交代制で24時間連続操業の綿紡績工場においては、昼番の労働者は午前6時から夕方6時まで12時間働き（若干の休憩時間は定められていたが、それも十分にとることはできなかった）、仕事を終えた時点で、夜番の労働者に欠員がで

ると、そのまま夜勤に就くことを命ぜられ、翌朝6時まで働き、ひどい
ときは、翌日の昼番に当初の決まりどおりに就くことによって、合計
36時間連続勤務することもあったといいます。

　工場法はこうした労働者の犠牲を踏まえ、年少労働者と女性労働者
の健康保護を目指し、深夜労働と長時間労働を抑制するために策定さ
れました。しかし、工場法には決定的な弱点がありました。年少者と
女性を労働時間規制の対象とはしましたが、それは国際労働機関(ILO)
第1号条約(1919年締結　1日8時間、週48時間等の労働時間の上限を示した最初の
国際労働基準)の水準をはるかに下回る、まことに初歩的なものでした。
労働時間の上限は12時間、深夜業は一応禁止されたものの施行は15
年間猶予とされ、かつ、成年男性はそもそも労働時間規制の対象とは
されませんでした。

　わが国において、国際基準に対応するワークルールは戦後の労働民
主化の過程においてはじめて成立しました。すなわち、占領軍による
日本の軍国主義復活阻止を目的とする一連の労働民主化の戦略のもと、
まず、憲法に先駆けて労働三権を保障する労働組合法が成立し、戦時
中は禁止されていた労働組合が続々と結成され、労働条件の引き上げ
や職場の民主化を要求する運動が広がっていきました。労働基準法は
そのような戦後の労働民主化の一つの到達点として、たとえば、ILO
第1号条約の労働時間基準を反映し、1日8時間、週48時間という最低
基準をすべての労働者に保障することとなりました。また、賃金や労
働時間等の諸労働条件の差別を禁止し、最低賃金の規定を設け、労働
安全衛生の基準を策定し、労働災害補償の権利を確立しました。

　労働基準法にやや遅れて策定された職業安定法は労働基準法第6条
の中間搾取禁止規定と相まって、労働者供給事業を原則として禁止し
ました。今日の労働者派遣事業は、戦後の民主化の過程では、違法な
中間搾取として禁止されていたのです。しかし、労働基準法が80年代
以降、変形労働時間制の拡大や裁量労働制の導入等、規制緩和・弾力

図説　労働の論点　89

化が進められてきたのと同様に、1985年には労働者派遣法の制定により、それまで違法であった労働者派遣が一部解禁され、さらに、1999年には派遣事業の対象は「ネガティブリスト」化され、すなわち、一部の禁止業務を除き、原則解禁されることとなりました。

●世界共通のワークルール

労働基準法はILO第1号条約の労働時間の枠組みについて形式的には満たすものの、時間外労働の上限が設定されなかったことなどによって、1919年採択のILO第1号条約を満たすことはできず、その後、いくたの改定を経た今日においてもILO第1号条約を批准できない水準に止まっています。わが国は、ILOの労働時間に関する諸条約のうち、100年前の第1号条約を含め一つも批准できていません。

ところで、ILOの最も重要な役割は、労働に関する国際的な最低基準をつくることにあります。世界中の労働者が統一した最低基準以上の労働条件の下で働くことができるようにすることがその目的であり、世界共通のワークルールということになります。ILOが定めるルールには条約、勧告、宣言、コード等がありますが、最も強い拘束力をもつのは条約であり、ILOの条約を批准した国は、その条約と同等かそれを上回る水準の国内法を整備しなければなりません。

世界共通のワークルールは、もちろん、労働条件を引き上げるという意味を持つと同時に、国際的な労働条件引き下げ競争を抑止するという意味を持ちます。ILO憲章の前文は「いずれかの国が人道的な労働条件を採用しないことは、自国における労働条件の改善を希望する他の国の障害となる」としています。国と国との経済競争はしばしば労働条件の引き下げ競争をもたらします。より低いコストがより高い競争力をもたらすからです。それはまさに底辺への競争を引き起こすのです。低賃金や長時間労働による強い競争力は他国の労働条件を引き下げる理由にしばしば使われます。その意味で、日本の労働基準の低さは他国の労働条件の引き下げをもたらすことにつながるわけですから、

自国の労働者の状態改善のためだけでなく、国際的な労働者の連帯のためにも、少なくともILO条約を批准できるような労働基準法制を実現していくことが課題となっています。

●ワークルールを活かすために

　ワークルールという労働者の権利は、前述したとおり、労働者の闘いがなければつねに、後退するリスクがあります。また、労働者の権利擁護や労働条件向上の闘いの前提は、自らの権利意識にありますが、それは目的意識的に学習・教育しなければ実質化できません。厚生労働省所管の労働政策研究・研修機構が行った労働者の権利の認知状況に関する調査によれば、最低賃金、残業手当、有給休暇、団結権について、それぞれ、「知っている」と答えた割合は雇用者のうち65.0%、51.6%、68.4%、36.3%でした。とりわけ団結権については3分の1しか知らなかったということは衝撃的ですらあります。

　ワークルールを知る必要があるのは労働者だけではありません。使用者がワークルールを知らなければワークルールに反する労働条件の設定や、不当な労働者の取り扱いが起こる可能性が高くなります。雇用・労働の当事者はいずれの立場にあってもワークルールを学ぶ必要があるのです。しかし、国民がワークルールを学ぶ機会は十分であるとは言えません。とりわけ、わが国の学校教育においてワークルール教育が体系的に取り組まれてきたとは言えません。高等教育においては労働法や社会政策関連の科目で取り上げられることはあっても、社会科学系の学部等に属する学生に限られていて、理系や人文科学系の場合、こうした科目に接する学生は少数でしょう。近年、学校教育ではキャリア教育が重視されていますが、進路選択の道筋をつくったり、企業人としての職業意識を身につける方向性はあっても、労働者としての権利教育が十分に位置づけられているとは言えません。日本労働弁護団は2013年に「ワークルール教育推進法の制定を求める意見書」を提出していますが、その中で「ワークルール教育は、学齢期から高齢期

までの各段階に応じて、学校、地域、職場その他の様々な場の特性に応じた適切な方法により行われる」べきとして、国、地方公共団体がワークルール教育に積極的に関与すべく法的枠組みをつくるべきと主張しているのです。　　　　　　　　　　　　　　　　　　　〈鷲谷 徹〉

図表3-1-1　ワークルール関連法

日本国憲法（抜粋）

第25条

　すべて国民は、健康で文化的な最低限度の生活を営む権利を有する。

第27条

　1　すべて国民は、勤労の権利を有し、義務を負ふ。

　2　賃金、就業時間、休息その他の勤労条件に関する基準は、法律でこれを定める。

　3　児童は、これを酷使してはならない。

第28条

　勤労者の団結する権利及び団体交渉その他の団体行動をする権利は、これを保障する。

労働基準法（抜粋）

第1条

　1　労働条件は、労働者が人たるに値する生活を営むための必要を充たすべきものでなければならない。

　2　この法律で定める労働条件の基準は最低のものであるから、労働関係の当事者は、この基準を理由として労働条件を低下させてはならないことはもとより、その向上を図るように努めなければならない。

第3条

　使用者は、労働者の国籍、信条又は社会的身分を理由として、賃金、労働時間その他の労働条件について、差別的取扱をしてはならない。

第4条

　使用者は、労働者が女性であることを理由として、賃金について、男性と差別的取扱いをしてはならない。

第6条

　何人も、法律に基いて許される場合の外、業として他人の就業に介入して利益を得てはならない。

最低賃金法（抜粋）

第1条

　この法律は、賃金の低廉な労働者について、賃金の最低額を保障することにより、労働条件の改善を図り、もつて、労働者の生活の安定、労働力の質的向上

及び事業の公正な競争の確保に資するとともに、国民経済の健全な発展に寄与することを目的とする。

第9条

1　賃金の低廉な労働者について、賃金の最低額を保障するため、地域別最低賃金は、あまねく全国各地域について決定されなければならない。

2　地域別最低賃金は、地域における労働者の生計費及び賃金並びに通常の事業の賃金支払能力を考慮して定められなければならない。

3　前項の労働者の生計費を考慮するに当たつては、労働者が健康で文化的な最低限度の生活を営むことができるよう、生活保護に係る施策との整合性に配慮するものとする。

労働安全衛生法（抜粋）

第3条

事業者は、単にこの法律で定める労働災害の防止のための最低基準を守るだけでなく、快適な職場環境の実現と労働条件の改善を通じて職場における労働者の安全と健康を確保するようにしなければならない。また、事業者は、国が実施する労働災害の防止に関する施策に協力するようにしなければならない。

労働契約法（抜粋）

第5条

使用者は、労働契約に伴い、労働者がその生命、身体等の安全を確保しつつ労働することができるよう、必要な配慮をするものとする。

第16条

解雇は、客観的に合理的な理由を欠き、社会通念上相当であると認められない場合は、その権利を濫用したものとして、無効とする。

［参考文献］

犬丸義一校訂／農商務省『職工事情』（上・中・下）、岩波文庫、1998年（原著は1903年刊）。

道幸哲也『ワークルールの基礎』旬報社、2009年。

日本ワークルール検定協会 編『ワークルール検定　問題集2016年版』旬報社、2016年。

❷ エンドレス・ワーカーでいいのか
日本の労働時間の現状

●日本の労働時間はなぜ長いのか

　戦後の高度成長によって日本は経済大国になったにもかかわらず、労働時間においては先進国中最悪ともいえる水準に止まっています。労働者中の非正規労働者の比率が4割に近づく一方で、長時間労働に甘んじ過労死や過労自殺に直面する正規労働者が多数存在することは、わが国の雇用と労働における最も根本的な矛盾です。

　なぜ日本の労働時間はこれほど長いのでしょうか。この点については、すでに通説があります。それは、①（完全）週休2日制の普及の遅れ、②残業・休日出勤等時間外労働が長いこと、③年次有給休暇の取得日数が少ないことの3つであり、古くは1971年の労働省・労働基準法研究会報告で指摘され、逆に、それは克服対象として（厚生）労働省の労働時間短縮政策の3本の柱であり続けました。

　しかし、2001年の中央労働基準審議会建議「労働時間短縮のための対策について」は①はすでに克服されたとし、今後は②、③を政策の柱とすることを提言しました。ところがこの認識は正確ではありません。今日においても①は克服されたとは言えないからです。2015年実施の厚生労働省「就労条件等総合調査」によれば、完全週休2日制以上の週休日数（週休3日制等を含む）の下で働いている労働者は72.7％、残る30％近い労働者は隔週週休2日制や週休1日制等、完全週休2日制より週休日数が少ない条件の下で働いています。大企業では完全週休2日制を実施している企業が多いのですが、30〜99人規模の企業では完全週休2日制以上の労働者は55.7％にすぎないなど、中小企業においては完全週休2日制の普及が依然として重要な課題です。

94　第3章—ワークルールを学ぶ

図表3-2-1　東証1部上位100社の36協定の残業上限時間

順位

順位	会社名	時間		順位	会社名	時間
1	大日本印刷	200時間		21	スズケン	100
2	関西電力	193			凸版印刷	
3	日本たばこ産業（JT）	180			アサヒビール	
4	三菱自動車	160			九州電力	
5	NTT	150			三菱マテリアル	
	ソニー				ヤマハ発動機	
	丸紅				川崎重工業	
	清水建設			38	住友電気工業	99
9	NTTドコモ	140		39	東京電力	90
	昭和シェル石油				JR東日本	
11	中部電力	135			日本郵船	
12	東芝	130			JR東海	
13	日立製作所	3カ月で384			みずほ銀行	
14	NEC	3カ月で360			三井不動産	
	京セラ	120		45	JFE商事	89
16	住友金属工業	115		46	日野自動車	3カ月で265
17	東レ	109		47	双日	84
18	三菱電機	107		48	富士フイルム	3カ月で250
19	三井物産	104		49	パナソニック	83
20	ヤマト運輸	101		50	三菱重工業	3カ月で240
21	鹿島	100			キリンビール	
	豊田通商				東京ガス	
	三菱商事				三井化学	
	富士通				トヨタ自動車	80
	新日本製鉄				三井住友銀行	
	伊藤忠商事				出光興産	
	三井住友海上火災保険				住友商事	
	三菱化学				シャープ	
	コスモ石油				ソフトバンク	
	住友化学				損害保険ジャパン	
					スズキ	

図説　労働の論点　95

順位	企業	協定時間
50	アイシン精機	
	ヤマダ電機	
	大同生命保険	
	デンソー	
	旭化成	80
	ダイハツ工業	
	商船三井	
	豊田自動織機	
	全日本空輸	
71	富士重工業	79
72	ホンダ	3カ月で225
	KDDI	
	メディセオ	75
	神戸製鋼所	
	電通	
77	野村証券	72
78	東北電力	3カ月で210
	イオン	
	コマツ	
	大和ハウス工業	70
	武田薬品工業	
	阪和興業	

順位	企業	協定時間
84	JX日鉱日石エネルギー	
	キヤノン	69
	リコー	
87	いすゞ自動車	3カ月で200
88	ブリヂストン	65
89	日産自動車	
	三菱東京UFJ銀行	3カ月で180
	JFEスチール	
	東京海上日動火災保険	
	マツダ	60
	日本通運	
	積水ハウス	
96	東燃ゼネラル石油	56
97	第一生命保険	3カ月で160
98	セブン-イレブン・ジャパン	
	アルフレッサ	45
	三越伊勢丹	

注：■ 月80時間（いわゆる過労死ライン）を超える企業
＊持株会社は代表的な子会社の協定届を請求した
＊職種により異なる場合は、最も長い協定時間
出所：東京新聞2012年7月25日付朝刊

2番目の時間外労働については労働基準法そのものに大きな問題があります。同法第36条は労使間の協定（36条に基づく協定という意味で「サブロク協定」と通称される）を条件として、法定労働時間を上回る労働時間の延長や休日労働を容認しています。同法36条2項は36協定を締結する際の基準を定めることとし、厚生労働省告示によって週15時間、月45時間、年360時間等の「上限」が示されていますが、これは強制力を欠き、現実には「特別条項」という名目で、一定の条件のもとにそれをはるかに上回る長時間残業を容認する協定が締結されています。たとえば、東京新聞が調査した東証一部上場の上位100社の36協定のうち、月間45時間という基準をかろうじて満たしている企業はわずか3社のみ、

その他の97社はそれを上回っていて、トップの企業では月間200時間の時間外労働が容認されています（東京新聞2012年7月25日付[→**図表3-2-1**]。労働基準法第32条に規定されている週労働時間は40時間であり、それを月間に読み替えると、30日の月の場合は40×（30／7）＝171.4時間、31日の場合は40×（31／7）＝177.1時間となります。したがって、月間200時間の時間外労働とは、法定労働時間の2倍以上、すなわち、月間では371時間以上、週では86時間以上、1日では17時間以上働かせても違法とならないわけです。

　ちなみに、厚生労働省の過労死認定基準には、被災時の前月の時間外労働時間が100時間を超える場合、あるいは、前2～6ヵ月における時間外労働時間が平均80時間を超える場合というものがあります。36協定の上限の半分の時間外労働でも過労死する可能性が高い状況を容認する協定を労働基準監督署が受理しているのです。

●長時間残業を容認する36協定がなぜ締結されるのか

　注意すべきは、こうした36協定の一方の当事者は労働者の過半数を占める労働組合、あるいは過半数を占める労働組合がない場合には労働者の過半数を代表するものであることです。形式上は過半数の労働者が同意しているということになります。本来、この協定は、労働者による長時間労働の規制力の存在を想定しているのですが、現実にはその力はきわめて弱いのです。労働組合の組織率が18％を切っているわが国では、36協定の当事者が労働組合であるケースは少なくなっていて、多くの企業（法的には「事業場」）で「過半数代表者」が協定の当事者となっています。こうした労働組合がない場合の過半数代表は、本来、労働基準法施行規則第6条の2によって、管理監督者以外の者の中から「法に規定する協定等をする者を選出することを明らかにして実施される投票、挙手等の方法による手続により選出された者であること」とされていますが、現実に民主的な手続きを経て選出されるケースは希です。

　厚生労働省所管の労働政策研究・研修機構が2012年に中小企業を対

象に実施した調査「労使コミュニケーションの実態と意義」によれば、過半数組合のある企業は12.5%、過半数代表者との協定を結んでいる企業は59.5%でした（残りは36協定未締結等）。後者の選出について、まず、候補者の決め方として最も多かったのは「会社の指名」で30.6%、次が「他の従業員からの指名」29.1%、「従業員自らの立候補」12.3%、「前任者の指名」10.6%、「最古参などの特定の人が自動的に決まる」7.5%等でした。さらに、選出方法については法が想定している「投票」は14.6%、「挙手」は17.0%にすぎず、「指名・立候補で自動的に決まる」が32.4%を占めていました。多くの企業で言葉の真の意味での労働者代表が選出されているとは言えないのです。

　しかし、労働組合が協定当事者であればまっとうな36協定が締結されるとも言えません。東京新聞の別の調査によれば、「2000年以降に労働基準監督署や裁判所が社員の過労死や過労自殺を認定した企業のうち、本紙が把握できた111社について残業時間の上限を調べたところ、約半数の54社で依然として月80時間（いわゆる過労死ライン）以上の残業を認めていることが分かった」とし、さらに、「労働組合のある58社の月平均は約93時間。労組のない53社は約64時間で、労組のある企業の方が長時間労働を容認する傾向が浮かぶ」とし、労働組合の存在が長時間労働の抑制につながっていないことを指摘しました。日本では、労働組合は量的にも（組織率の低下）、質的にも（規制力の低下）、存在価値を低下させつつあるのです。

　では、なぜ時間外労働が多いのでしょうか。その理由についてみてみます。労働組合「連合」の「労働時間に関する調査」（2014年調査）によれば「どのようなことが残業の原因になっていると思うか」という質問に対し、「仕事を分担できるメンバーが少ないこと」53.5%、「残業をしなければ業務を処理しきれないほど、業務量が多いこと」52.6%の2選択肢がとくに多く、他選択肢はいずれも30%を満たしません（複数回答）。たとえば、「残業代を稼ぎたいと思っていること」は8.7%に過ぎません。

結局、長時間労働の原因は要員不足に帰着するのです。わが国の企業の要員管理は1970年代にいわゆる低成長経済段階に入ったころから、経済活動のポテンシャルが最も低い水準にあわせて最小限の人員を確保し、好況時には時間外労働で業務量の増大に対応するというスタイルが一般的となっています。

●なぜ年休をとらないのか

　労働時間の長さの第3の原因は年次有給休暇の取得日数の少なさにあります。厚生労働省の「就労条件総合調査」によれば、2014年に労働者が付与された年次有給休暇日数は1人平均18.4日、そのうち実際に労働者が取得した日数は平均8.8日で、取得率は47.6%となっています。日本の労働者は権利としての年次有給休暇の過半数を放棄しているわけで、年休取得の向上が厚生労働省の労働時間短縮政策の一つの柱であり続けているにもかかわらず、むしろ、取得率は悪化しています。これはヨーロッパでは到底考えられません。少し古い資料ですが、通信社「ロイター」が発表した年休取得状況の24カ国の国際比較調査によれば、年休を完全取得した労働者の割合は、トップがフランスで、89%、最下位が日本で33%というものでした。また、別の調査によれば、年休の付与日数、取得日数ともに最も多いのはフランスで37.4日の付与、34.7日の取得、日本はやはり最下位で付与16.6日、取得9.3日というものでした。フランスはもともと最低法定付与日数が30就業日（週休2日制の場合25日）と多く、また、ヨーロッパの主要国では共通して、年休の完全取得は当然のことという認識がコンセンサスとなっています。

　国際標準としてのILO第132号条約（年次有給休暇に関する条約）は1年につき3労働週の年休を義務づけていますが、週休2日制の場合を考えると具体的には15日となります。年休権が発生するのは勤続6ヵ月からですが、同じ勤続6ヵ月目の年休権を10日とする日本の労働基準法はILO水準を下回っています。さらに、ILO条約では、休暇は原則とし

て継続したものでなければならないとし、分割を認める場合でも、分割された一部は連続2労働週を下らないものとしており、この点でも労働基準法はILO水準を満たしません。そもそもILOでもヨーロッパの各国でも年休というのはリフレッシュのためにまとめて取得することで本来の目的を達成することができるとの考え方が一般的であり、細切れの年休取得は例外的なものと考えているからです。さらに、ILO第132号条約は「疾病又は傷害に起因する労働不能の期間」を年休としてカウントすることを禁じており、後述するような、日本の年休取得の主要な目的である病気休暇としての利用を禁じています。ヨーロッパの各国では私傷病による欠勤について一定の条件と範囲で有給の取り扱いをしており、年休を病欠に当てるということはあり得ないのです。

　それでは、なぜ日本では年休の取得率が極端に低いのであしょうか。端的に言えば、有給休暇を取るだけの仕事の余裕のない労働者が多いということで、結局のところ、時間外労働が発生する理由と同様に、労働者に課せられた仕事量が、所定労働時間から全年休日数を控除した労働時間を前提としたものではなく、要員不足に帰結するのです。年休の不取得の理由に関する調査は山ほど行われていますが、どの調査でも結論はほとんどいっしょです。たとえば労働政策研究・研修機構の「年次有給休暇の取得に関する調査」(2010年実施)によれば、「病気や急な用事のために残しておく必要があるから」が64.6%で最も多く、次いで、「休むと職場の他の人に迷惑をかけるから」(60.2%)、「仕事量が多すぎて休んでいる余裕がないから」(52.7%)、「休みの間仕事を引き継いでくれる人がいないから」(46.9%)、「職場の周囲の人が取らないので年休が取りにくいから」(42.2%)、「上司がいい顔をしないから」(33.3%)、「勤務評価等への影響が心配だから」(23.9%)などとなっています。2〜4位はいずれも業務量に労働者の頭数が見合っていないことを端的に示しています。また、1位に「病気」に備えてという理由があがっていることは、年休について前述のILO条約の精神に反する捉え方が一般的で

あることを示していて、実際、同じ調査で年休の使途に関する設問を見てみると、「旅行・レジャー等の外出」が69.9％でトップなのはいいのですが、2番目に多かったのは「自分の病気・けがの療養」で43.8％という状況にあります。

　時間外労働の長さについても年休の取得率の低さについても、要員不足問題が共通の原因となっていることに注目する必要があります。要員管理を労働者の主体的な関与で行い、まともな労働組合がそれをチェックすることがどうしても必要です。あわせて、わが国の労働時間規制の法的な弱点を克服して時間外労働の上限を法定化することが必要なのです。　　　　　　　　　　　　　　　　　　　　　　　〈鷲谷 徹〉

[参考文献]

森岡孝二『過労死は何を告発しているか―現代日本の企業と労働』岩波現代文庫、2013年。

石井まこと・鬼丸朋子・兵頭淳史編著『現代労働問題分析』法律文化社、2010年。

3 「不払」残業はなぜまん延しているのか

●不払残業とは何か

　残業とは労働協約や就業規則で定められた所定労働時間を超えて労働した時間を指します（「残業」とは、通常、本来の終業時刻を超えて労働することを指し、始業時刻前に働くことは「早出」とよばれますが、法的には同様の扱いとなるので、ここではまとめて「残業」とよびます）。労働基準法との関係では、残業は「法内残業」と「法外残業」に分かれます。前者はもともと所定労働時間が労働基準法第32条の定める週40時間、または1日8時間より短い場合、たとえば1日7時間であった場合、1時間残業するとその1時間分は法定労働時間を超えていないので「法内残業」とよび、さらに1時間残業した場合にはその1時間分は法定労働時間の8時間を超えているので「法外残業」とよびます。法内残業であっても、法外残業であっても、本来の契約労働時間を超えて働くわけですので当然、賃金の追加的支払いが必要です。しかし、その追加的賃金、すなわち残業代の計算方法が両者では異なります。

　まず、法外残業については、労働基準法第37条に割増賃金の規定があります。具体的には、法定労働時間である週40時間または1日8時間を超えて残業や休日出勤させた場合には、その時間又はその日の労働については、通常の労働時間又は労働日の賃金の計算額の25％（残業）および35％（休日出勤）以上の率で計算した割増賃金を支払わなければなりません。さらに、当該延長労働時間が1ヵ月について60時間を超えた場合においては、割増率は50％となります。法内残業については労働基準法上の規定はありませんが、判例や行政解釈によって、通常の労働時間の賃金を支払うことが想定されており、労働協約や就業規則

で特段の定めのない場合、割増なしの賃金を支払うこととされています。

　結局、法内残業であっても、法外残業であっても、追加的賃金支払いは使用者の当然の義務であって、「不払」残業は違法行為であることに変わりはありません。厚生労働省通達「賃金不払残業総合対策要綱」(2003年5月23日付基発第0523003号)は賃金不払残業を「所定労働時間外に労働時間の一部又は全部に対して所定の賃金又は割増賃金を支払うことなく労働を行わせること」とし、これは「労働基準法に違反する、あってはならないものである」と明記しています。なお、不払残業は他に「サービス残業」や「ただ働き残業」という呼び方もします。

　現実に、わが国ではどれだけの不払残業があるのでしょうか。「連合」の調査では、組合員の13%近くが月の半分、あるいは頻繁に不払残業を行っているとし、「たまに」行っているものも20%を超えると言います。具体的な不払残業の推計を以下で行ってみます。

●不払残業の実態

　実労働時間の官庁統計としては厚生労働省「毎月勤労統計調査」という事業所抽出調査が用いられます。各事業所で把握している当該事業所所属の労働者の実労働時間を集計し、全国の労働者の1人当たりの労働時間を推計するわけです。しかし、この「毎月勤労統計調査」の実労働時間のデータが真の意味での「実」労働時間であるか否かについては1990年頃から多くの研究者によって疑問符が付けられていました。同調査の問題点は、事業所調査という方法にあり、わが国のように、事業所(企業)が労働時間の正確な把握を行わない(「不払残業」の存在)場合には、労働時間は過小申告されることになるというわけです。そこで、「毎月勤労統計調査」に換えて労働者自身が申告した労働時間データを利用すべきとの主張が行われ、実際、総務省(庁)「労働力調査」や生活時間調査たる総務省(庁)「社会生活基本調査」によってもう一つの実労働時間の算出が試みられてきました。その結果は図に示した通りですが、年間平均350時間程度の差が認められます。いうまでもなく、個

人調査たる「労働力調査」、「社会生活基本調査」のデータが「毎月勤労統計調査」のデータをはるかに上回っているのです。そのギャップが不払残業にあたると解釈できます［→**図表3-3-1、2**］。

●**不払残業をなくすために**

　厚生労働省が不払残業問題に本格的に取り組むようになったのは21世紀に入ってからです。厚生労働省の通達「労働時間の適正な把握のために使用者が講ずべき措置に関する基準について」（2001年4月6日付基発第339号）や前述の「賃金不払残業総合対策要綱」によって、不払残業解消に向けての行政指導や啓蒙活動をはじめました。その一環として、毎年、「監督指導による賃金不払残業の是正結果」が公表されています。これは「全国の労働基準監督署が……労働者からの申告や各種情報に基づき監督等を行い、その是正を指導した結果、不払になっていた割増賃金が支払われたもののうち、その支払額が1企業で合計100万円以上となった事案の状況」を取りまとめたもので、2002年度から毎年公表されています。最新の2013年度版によると、是正企業数は1417企業、支払われた割増賃金合計額は123億4198万円、対象労働者数は11万4880人、したがって1企業あたり871万円、1人あたり11万円の不払割増残業代が遡って支払われたことになります。1企業での最高支払額は4億5861万円でした。

　注目すべきは、この不払残業企業数、労働者数は、決してすべての企業に対して調査を行った結果ではないということです。労働者や家族から自分の会社、あるいはどこそこの会社は残業代を支払っていないという告発があってはじめて調査をした結果なのです。すなわち「氷山の一角」です。また、集計結果の推移をみると、不払残業是正額は必ずしも減少しているとはいえず、この5年間はほぼ停滞しています。

　ところで、労働基準法では第37条に基づく割増賃金の不払に対して第119条で、「6箇月以下の懲役または30万円以下の罰金に処する」と定めています。しかし、前述のように行政指導による遡及支払は行わ

図表3-3-1　実労働時間の3統計の比較

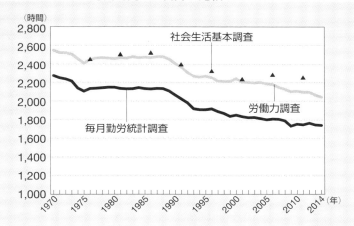

注：1)「毎月勤労統計」は規模5人以上の事業所所属雇用者の平均実労働時間。ただし、1990年に集計方法が変更されたので、時系列比較には留意が必要
2)「労働力調査」は非農林水産業の雇用者の年間平均就業時
3)「社会生活基本調査」は雇用者の1日の平均「仕事」時間の年日数分乗算

図表3-3-2　不払残業の有無

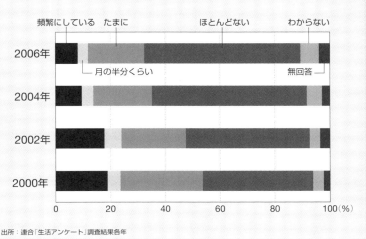

出所：連合「生活アンケート」調査結果各年

れてはいるものの、罰則を適用した例はきわめて少なく、違法企業は不払残業が明るみにさえ出なければ、罰を受けることはなく、経済的損失どころか、大きな利益を得てしまうことになります。

　以上のような法的に明らかな不払残業のほかにも、残業手当の支払いを何とか免れようとする不当な企業行動がさまざまあります。その一つは労働基準法第41条第2号を利用して、「管理監督者」であるから、一般に労働時間規制の適用を受けず、残業も休日出勤もやらせ放題にするというケースです。2005年に、日本マクドナルドのある直営店の店長が会社を相手取って、労働基準法第41条の「管理監督者」にあたらないのに残業代を支払わないのは不当だとして、未払い残業代などの支払いを求めた訴訟を提起しました。同店長は、月100時間を超える残業、63日間の連続出勤等の異常な勤務状態が継続したため、過労死寸前の状況に陥りました。しかも賃金は店長になる前の水準を下回ったと言います。原告店長は最終的に東京高裁で勝利和解を勝ち取りましたが、このケースは「名ばかり管理職」問題として大きく取り上げられ、他にも外食産業やコンビニ、紳士服量販店等、流通・小売・サービス業に大量に「名ばかり管理職」が存在していることが明らかにされました。

　労働基準法第41条2号に規定する「監督若しくは管理の地位にある者」とは、「一般的には、部長、工場長等労働条件の決定その他労務管理について経営者と一体的な立場にある者」で「重要な職務と責任を有し、現実の勤務態様も、労働時間等の規制になじまないような立場にある者」（労働省通達）と限定的に取り扱われるべきものでしたが、現実には不当に拡大解釈され不払残業の「合法化」のツールとして利用されてきました。「名ばかり管理職」問題として取り上げられたことで一定の歯止めがかかったといえます。

　不払残業については、国会でも再三議論されてきました。たとえば日本共産党は2000年3月に「サービス残業根絶特別措置法」案を議員立

法として国会に提出、使用者の実労働時間把握・記帳義務や「サービス残業」発覚時の制裁金支払義務等を盛り込みました。同年4月には同党の現委員長である志位和夫議員が衆議院予算委員会で「サービス残業」問題を取り上げましたが、答弁に立った当時の森首相が「一律に、サービス残業はすべて悪という考え方をとるということは、私は、やはり企業、企業の事情というものを十分しんしゃくしなければならぬのではないかというふうに思います」と答え、政権側の認識の程度を示すこととなり、世論の批判を浴びました。その後、（厚生）労働省は、前述の通達等によって「サービス残業」規制に乗り出すこととなりました。

　「不払」残業が横行する理由は、いうまでもなく遵法意識を欠く企業が多く存在していることにあります。また、違法行為を摘発する役割を果たすべき労働基準監督行政の機能が十分でないことも重要な要因です。たとえば、ILOは労働基準監督官1人当たりの労働者数の基準を1万人としていますが、日本の場合、労働者数1万人あたり監督官は0.53人、これに対し、ドイツでは1.89人等と3倍以上となっていて、現状では、到底すべての事業所を監督できるような状態にありません。別項で述べるワークルールの徹底とともに、労働基準監督官の絶対数を増加させることも重要な課題です。　　　　　　　　　　〈鷲谷 徹〉

[参考文献]
中澤 誠『ルポ　過労社会──八時間労働は岩盤規制か』ちくま新書、2015年。

4 長時間労働の悲劇

●長時間労働者の生活実態

　日本の労働時間の長さについては第3章2で述べましたが、それは労働者あるいはその家族に何をもたらすのでしょうか。**図表3-4-1**は総務省『社会生活基本調査』により、平日の労働時間と他の生活時間の相互関連を示したものです。1日24時間という絶対的な枠内で、与件として与えられる労働関連時間が他の生活時間をいかに制約・抑圧しているかが明らかです。諸生活行動は24時間という枠内で「あちら立てればこちら立たず」という相互にトレードオフ関係にあるのです。なお、『社会生活基本調査』では睡眠、食事など生理的に必要な活動を「1次活動」とよび、仕事、家事など社会生活を営む上で義務的な性格の強い活動を「2次活動」、これら以外の各人が自由に使える時間における活動を「3次活動」としています。

　「仕事」時間が長くなれば当然、その他の生活行動は短くならざるを得ません。しかし、短くなるなり方が行動区分によって異なるのです。たとえば、男性の「仕事をしない」人たちと「14時間以上仕事をした」人たちを比較すると、前者では、24時間のうち「仕事」時間は0なのですから、もともと「仕事」が大きな割合を占める2次活動はわずか1時間半程度で、1次活動及び3次活動に22時間以上を費やすことになります（「仕事」とは収入を伴う労働を指します）。1次活動中では最も大きな割合を占めるのが睡眠時間ですが、8時間半の睡眠をとっていることがわかります（ちなみに、平日の睡眠時間が8時間を上回るのは男性の「仕事をしない」または仕事時間「4時間未満」の人たちだけです）。3次活動には10時間49分を費やし、中でも「テレビ・ラジオ・新聞・雑誌」に5時間近く費やしています。

図表3-4-1　平日の男女有配偶者の仕事時間階級別にみた主要行動の総平均時間（15歳以上）

行動の時間階級↓	推定人口(千人)	1次活動	(再掲)睡眠	2次活動	(再掲)仕事	(再掲)家事・育児・介護等	3次活動	(再掲)新聞・雑誌	(再掲)テレビ・ラジオ…
男有配偶者計	**33,819**	**10:22**	**7:34**	**8:00**	**6:35**	**0:36**	**5:39**		**2:26**
仕事をしない	9,772	11:43	8:30	1:28	—	1:27	10:49		4:40
4時間未満	1,130	11:30	8:10	3:55	2:25	1:05	8:35		3:08
4~5時間台	1,203	11:02	7:57	6:23	4:52	0:37	6:36		2:35
6時間台	978	10:43	7:38	7:44	6:23	0:26	5:33		2:16
7時間台	2,333	10:27	7:31	8:55	7:26	0:19	4:38		2:02
8時間台	4,418	10:14	7:25	9:55	8:21	0:16	3:51		1:47
9時間台	4,098	9:51	7:15	10:45	9:20	0:14	3:23		1:31
10時間台	3,643	9:33	7:06	11:41	10:20	0:09	2:46		1:15
11時間台	2,586	9:17	6:55	12:34	11:19	0:08	2:09		0:55
12~13時間台	2,740	8:36	6:31	13:53	12:42	0:05	1:31		0:39
14時間以上	919	7:21	5:36	16:00	15:10	0:01	0:39		0:14
女有配偶者計	**32,827**	**10:18**	**7:12**	**8:06**	**2:44**	**5:03**	**5:36**		**2:18**
仕事をしない	19,157	10:39	7:26	6:15	—	6:13	7:06		2:49
4時間未満	2,194	10:20	7:07	8:03	2:24	5:16	5:37		2:19
4~5時間台	3,194	9:56	6:53	9:53	4:53	4:20	4:11		1:57
6時間台	1,536	9:56	6:57	10:38	6:19	3:36	3:26		1:38
7時間台	2,029	9:51	6:52	11:11	7:22	2:59	2:58		1:24
8時間台	2,225	9:41	6:48	11:35	8:18	2:25	2:44		1:15
9時間台	1,249	9:23	6:42	12:15	9:20	2:03	2:23		1:02
10時間台	623	9:18	6:37	12:39	10:17	1:33	2:03		0:51
11時間台	329	9:07	6:29	13:27	11:18	1:19	1:27		0:38
12~13時間台	245	8:32	6:08	14:09	12:28	0:59	1:20		0:34
14時間以上	45	7:20	5:37	16:13	14:59	0:41	0:27		0:09

注：「家事・育児・介護等」は行動区分「家事」、「介護・看護」、「育児」、「買い物」の合計。
　　ただし、小数点以下を四捨五入したあとの合計値であるため、端数処理の関係から若干の誤差を含んでいる。
資料：総務省「社会生活基本調査」（2011年）

一方、同じく男性の「14時間以上仕事をした」人たちについてみると、平均「仕事」時間は15時間を上回っていますから、その他の生活時間に9時間以上費やすことは不可能です。しかし、「仕事をしない」人たちに比べて、その他の生活時間は決して均等に減少してはいません。睡眠時間は短くなったとはいえ、5時間36分とっています。大きく減少したのは3次活動で、「テレビ・ラジオ・新聞・雑誌」は14分、「仕事をしない」人たちと比べると20分の1に過ぎません。1次活動は、肉体的再生産のために最小限必要な時間を確保する必要があり、その意味で「弾力性」の低い行動区分です。労働時間が延長されれば、相対的に「弾力性」が高い3次活動をまず圧縮し、その弾力性を超えて労働時間が延長されれば、1次活動時間を短縮せざるを得ないのです。明治・大正期の紡績女工が生理的限界を超えた長時間労働によって健康を損なったのと同様の状況が、今日も続いているのです。

●**長時間労働は労働者の健康を蝕む**

　長時間労働が労働者の健康にもたらす影響について整理すると、まず、長時間労働によって、労働者は長時間継続して労働負荷を受けることになり、それ自体、肉体と精神の負担を増加させ、疲労を増大させます。さらに、労働時間の延長は非労働時間である個人的生活時間を圧迫し、個人的生活時間の中で確保されるべき疲労回復時間たる睡眠時間等の生理的生活時間を圧迫することになります。長時間労働は、労働者の疲労・負担を二重に加重させるのです。それはまず、労働者の健康を損なわせます。

　長時間労働による最も悲惨な健康障害は過労死と過労自殺です。2014年度には121人の過労死と99人の過労自殺が発生しています。しかし、この数値は氷山の一角にすぎません。実際には過労死や過労自殺とみなされるケースであっても、労働災害として申請しない場合も多数あり、また、申請しても業務上として認定されないケースも多数あります。かつて、(厚生)労働省は過労死・過労自殺に関する労災認定

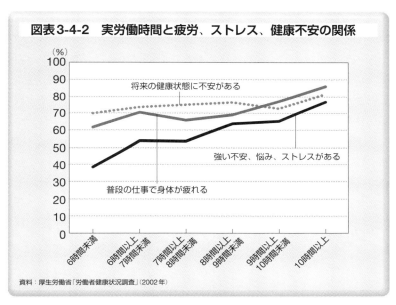

図表3-4-2 実労働時間と疲労、ストレス、健康不安の関係

資料：厚生労働省「労働者健康状況調査」(2002年)

にきわめて消極的で、何回かの認定基準の設定、改定を経て、ようやく認定率が上昇してきました。しかし、まだ、ハードルは高いのが現状です。とりわけ、長時間労働であったことを被災者または家族が証明しなければなりませんが、企業側の協力が十分に得られない場合も多いことが低い認定率に結果していて、また、認定請求そのものを断念せざるを得ない状況を作り出しているのです。

図表3-4-2は労働時間と健康の関係を示すデータで、労働時間が長くなるとストレスが増大し、過労死の不安等が強くなることを端的に示しています。長時間労働による疲労の蓄積は労働者の心身機能を減退させ、その結果として、ミスや事故発生の可能性が強まります。最近、バスの運転手が長時間勤務の結果、居眠り運転や操作ミスなどで事故を起こし、その結果、運転手のみならず、乗客が犠牲になるケースも増えています。また、労働科学の研究においても労働時間の長さと不良品、作業ミスの多さとの相関関係が明らかにされています。じつは、

長時間労働は、労働者およびその家族のみならず、国民や企業を含む社会全般にマイナスの影響を及ぼしているのです。

　第二に、労働時間の延長による他生活時間の圧縮は、さらに、個人的生活時間の中で行われるべきスポーツや教養・文化活動、社会活動等の諸活動を圧迫・抑制し、人間的生活を阻害します。また、労働者の労働能力の伸張を含む人格的成長を阻害し、ひいては、企業にとっての人材上の制約条件ともなりえます。そして、家族と共有すべき食事や団らん等の生活時間を圧縮し、家族生活をも阻害します。

●長時間労働とジェンダー

　第三に、労働時間の延長は、家事・育児時間を圧縮します。ここでは、男女間で大きな差があることに注目する必要があります。もともと、男性の家事・育児時間は短く、そこには、さまざまな要因が絡んでいます。役割分業意識はその一つです。

　一般に、わが国の家事・育児時間の男女格差はヨーロッパの先進国と比べてきわめて大きく、とくに北欧諸国では、家事・育児時間の男女比は1対3位ですが、日本では1対6位あり、有配偶者間では1対8となります。前掲**図表3-4-1**によれば、14時間以上仕事をした女性の家事時間は41分、同じ14時間以上仕事をした男性は1分しか家事・育児に従事していないので、その41倍ということになります。当然、仕事と家事を含む2次活動時間計では仕事をしていないものも、したものもいずれの階級においても男性を上回り、したがって他の生活時間を圧迫することになります。とりわけ重要なのは睡眠時間で、おおむねすべての仕事時間階級で女性の方が男性より睡眠時間が短いことがわかります。すなわち、一般に、労働時間の延長による「生活時間調整」は相対的に弾力性の高い「3次活動」において行われますが、女性の場合、家事・育児時間の弾力性が低いので、「3次活動」における調整の余地が相対的に小さく、本来弾力性の低い「1次活動」分野での調整を余儀なくされるわけです。

ちなみに、男性の睡眠時間は仕事時間の長さに対応して増減しますが、女性の睡眠時間は男性ほど単純ではありません。仕事時間が4〜5時間台と短くても睡眠時間は7時間を切っていて、仕事時間の長短との相関が薄く見えます。これは家事・育児時間が仕事時間とともに、あるいはそれに優先して与件となっているからです。すなわち、家族構成を前提とすれば、家事時間の節約が困難であるが故に長時間労働をすることがもともとできず、まさに家事と労働の二重負担のもとに、睡眠時間を削らざるを得ないことを示しています。敷衍して言えば、男性の長時間労働が女性の家事負担を増大させ、女性の二重負担を強め、社会進出を阻んでいるのです。逆に言えば、女性の社会進出のためには、ILO第156条約（1981年、「家族責任条約」、1995年日本批准）第3条にあるとおり「男女労働者の機会及び待遇の実効的な均等を実現するため……家族的責任を有する者であって職業に従事しているもの又は職業に従事することを希望するものが、差別を受けることなく、また、できる限り職業上の責任と家族的責任との間に抵触が生ずることなく職業に従事する権利を行使することができるようにすることを国の政策の目的とする」必要があり、その面からも労働時間短縮が要請されるのです。

〈鷲谷 徹〉

[**参考文献**]
法政大学大原社会問題研究所・鈴木 玲編『新自由主義と労働』御茶の水書房、2010年。

5 ホワイトカラー・エグゼンプションは必要か

●日本版ホワイトカラー・エグゼンプションとしての「高度プロフェッショナル制度」

　2015年の通常国会に労働基準法の改定案が提出されました。その中でとくに重要な項目が、新たな労働時間制度として「高度プロフェッショナル制度」を導入するというものでした。具体的な内容は、「時間ではなく成果で評価される働き方を希望する労働者のニーズに応え、その意欲や能力を十分に発揮できるようにするため、一定の年収要件を満たし、職務の範囲が明確で高度な職業能力を有する労働者を対象として、長時間労働を防止するための措置を講じつつ、時間外・休日労働協定の締結や時間外・休日・深夜の割増賃金の支払義務等の適用を除外した労働時間制度の新たな選択肢」(15年2月13日付労働政策審議会建議「今後の労働時間法制等の在り方について」)といいます。ここで、「一定の年収要件」とは差し当たり1075万円とされ、「職務の範囲が明確で高度な職業能力を有する労働者」とは、金融商品の開発業務、金融商品のディーリング業務、アナリストの業務(企業・市場等の高度な分析業務)、コンサルタントの業務(事業・業務の企画運営に関する高度な考案又は助言の業務)、研究開発業務等」とされています。

　そもそも使用者にとって労働者の評価基準とはなんでしょうか。その是非は別にして、能力であり成果であるのは当然でしょう。それは労働者の公平感にもマッチしているでしょう。これまで労働者は「時間」で評価されてきたということ自体いわば妄想です。当たり前のことと、当たり前でない労働時間制度をむりやり結びつけ合理化するところにこの制度の提案者の陰湿な意図と非合理的内容が透けて見えます。だ

114　第3章—ワークルールを学ぶ

いたい、異常な競争社会である日本で、長時間働くことを使用者が肯定的に評価するでしょうか。実際には長時間働いても、長時間働いたとは言わない労働者を評価してきたのではなでしょうか。そうでなくて、なぜ不払残業がまん延するのでしょうか。

　この制度の本質は、「時間外・休日労働協定の締結や時間外・休日・深夜の割増賃金の支払義務等の適用を除外した労働時間制度」にあるのであって、要するに、労働時間の延長に関する制約を一切取り払い、当然のことながら、残業、休日出勤、深夜労働に関する割増賃金支払義務をなくすということです。これこそまさにアメリカですでに導入されているホワイトカラー・エグゼンプション制度の日本版に他なりません。しかしながら注目すべきは、本場のアメリカではこの制度への批判が高まり、オバマ政権はその縮小の途をたどろうとしていることです。

　2014年3月、オバマ大統領はホワイトカラー・エグゼンプションにかかる公正労働基準法（Fair Labor Standards Act）の見直しを労働省長官に指示しました。そこで見直しが指示されたのは数百万人にのぼるコンビニエンスストアのマネージャーやファストフード店のシフト対応のスーパーヴァイザー、その他のオフィスワーカーで、ホワイトカラー・エグゼンプションが適用されているがゆえに、時間あたりの賃金が最低賃金に達しない人もいます。現在、ホワイトカラー・エグゼンプションの限度額は週給455ドルで、日本円に直せば月給20万円程度の水準であり、さらに、アメリカの労働者の88％がホワイトカラー・エグゼンプション対象となっています。限度額をいくらまで引き上げるか、あるいは、ホワイトカラー・エグゼンプションの対象範囲をどこまで狭めるかが焦点となってくるでしょう。

● 「高度プロフェッショナル制度」をどう評価するのか

　さて、「高度プロフェッショナル制度」において、長時間労働の抑制はどのように位置づけられているでしょうか。唯一の歯止めは次の3項であり、そのうちいずれかを採用すればよいことになっています。

1　労働者ごとに始業から24時間を経過するまでに厚生労働省令で定める時間以上の継続した休息時間を確保し、かつ、第37条第4項に規定する時刻（22時から翌朝5時まで）の間において労働させる回数を一箇月について厚生労働省令で定める回数以内とすること。

2　健康管理時間（事業場内にいた時間と事業場外において労働した時間との合計の時間）を1箇月又は3箇月についてそれぞれ厚生労働省令で定める時間を超えない範囲内とすること。

3　1年間を通じ104日以上、かつ、4週間を通じ4日以上の休日を確保すること。

　1はEU等で導入されているインターバル時間制の導入と深夜労働の制限、2は総労働時間の上限規制、3は週休2日分確保ということです。とくに3は完全週休2日制を規定したものではなく、変形週休制をも容認するもので、何の制約にもなりません。1のインターバル制は労働者側の要求を一部取り入れたものですが、問題はインターバルの長さがどうなるかということと、事業場外の労働を容認しているので、自宅で労働した場合、効果は減ぜられると考えられることです。また2の「健康管理時間」において事業場外の労働時間を使用者がどう把握するかもはなはだ疑問であり、労働時間の抑制にほとんど寄与することはないでしょう。

　「労働者のニーズに応え、その意欲や能力を十分に発揮できるようにす」るという点についてはどうでしょうか。まず、「ニーズ」とは何でしょうか。そこでは「柔軟な働き方」というのがキーワードのようです。そのイメージは「一律の労働時間管理がなじます、自ら時間配分等を行うことで創造的に働くことができる」（産業競争力会議「雇用・人材分科会」の「中間整理〜「世界でトップレベルの雇用環境・働き方」の実現を目指して〜」〔13年12月26日〕）ことにあるというわけです。現行の労働基準法においても、「柔軟な働き方」は「フレックスタイム」制の採用によって可能です。労働時間

の上限を維持したままでも「柔軟な働き方」は可能であり、あえて新たな制度を導入する必要はありません。

「意欲や能力を十分に発揮できるようにす」るという理由には大きな問題があります。前掲の産業競争力会議「雇用・人材分科会」の「主査」で、今回の「高度プロフェッショナル制」導入の旗振り役であった長谷川閑史武田薬品会長は「産業競争力会議」課題別会合（14年5月28日開催）において、「新しい労働時間制度の考え方」として「生産性の向上を図り成果を出すための労働時間制度の新たな選択肢」としてこの「高度プロフェッショナル制」の原案を示しました。そもそも労働者保護立法であり、最低限労働条件を規定する労働基準法の中に、資本の論理である「生産性向上」論を持ち込むことが異常かつ不当です。労働基準立法に資本の論理が侵入した時点で法律は変質し、労働者保護の精神は大きな後退を余儀なくされます。

● 「高度プロフェッショナル制度」の本質は過労死促進法

ホワイトカラー・エグゼンプションは過労死促進法案に他なりません。2014年には過労死の遺族の会をはじめとする過労死の根絶を願う人々の運動によって「過労死防止対策推進法」が国会で全会一致で成立しました。同法案には政権与党も賛成したにもかかわらず、過労死防止とは正反対の法案を提出しているのです。いうまでもなく、これは財界の執拗な要求に基づくものです。旧日経連時代から、財界はアメリカのホワイトカラー・エグゼンプションに注目しており、その導入に執念を燃やしていました。第1次安倍内閣のときにも、同様の法案が国会に提出されようとしましたが、「残業代ゼロ法案」という世論の反発により見送られたという経過があります。第2次安倍内閣は、8年前のリベンジとばかりに再度の成立を図ろうとしているのです。

さて、今回の「高度プロフェッショナル制」の評価について、メディアでは、前回と同様「残業代ゼロ」法案と規定づけるタイプが多かったものの、「成果主義賃金制度」と規定づけるものもありました。たとえ

ば、労働基準法改定案の閣議決定（2015年4月3日）について、「労働時間ではなく仕事の成果に応じて賃金を決める新たな労働制度「高度プロフェッショナル制度」（ホワイトカラーエグゼンプション）の導入を柱とした労働基準法改正案を決定した」（「産経ニュース」Web版）と報じるものや、「働く時間ではなく成果に対して賃金を払う「脱時間給」制度を新設」（日本経済新聞Web版）等の評価です。しかし、労働基準法改定案では、高度プロフェッショナル制度の対象業務として「その性質上従事した時間と従事して得た成果との関連性が通常高くないと認められるもの」を挙げていますが、これをもって成果主義導入を推進しようとしているとの評価はミスリードと呼ばなければなりません。そもそも、労働基準法が特定の賃金基準を企業に押しつけることなどあり得ません。また、成果主義に対する資本の側の評価も必ずしもまとまっているとは言えないのです。最近では、成果主義の問題点に対する認識が増加し、むしろ、成果主義からの撤退の方向が強まっているようにもみえます。また、労働者側においても、成果主義への否定論が強まっています。2013年および2014年の労働経済白書は、近年、大企業で賃金制度における業績・成果主義部分の割合が低下していること、職務遂行能力が賃金基準として依然、最も大きな割合を占めていることを強調しました。これは、資本の人事・労務管理の動向を反映していることと併せて、厚労省が成果主義に必ずしも積極的姿勢をみせているわけではないことを示しているのではないでしょうか。

「高度プロフェッショナル制」の対象労働者は「一定の年収要件」があり、差し当たり1075万円とされています。しかし、法案が提出された時点から、財界からは、もっと引き下げよ、「小さく産んで大きく育てる」といった発言が相次いでいます。年収要件の具体的設定は省令にゆだねられていますから、いったんこの制度が導入されるといかようにも変更できることになり、たいへん危険といわねばなりません。

ホワイトカラー・エグゼンプションについては、これを肯定する論者

もいます。例えば、労働法学者大内伸哉氏は次のように述べています。「指揮命令に忠実に従うのではなく、知的な創造力を生かして企業に貢献する人……にとっては、労働時間規制はそもそも不要です。特に……よい成果を上げて基本給や賞与、さらには昇進という形の報酬が良いと考えている労働者にとっては、時間の制約は余計な規制です。こういう人がホワイトカラー・エグゼンプションの対象になります。ホワイトカラー・エグゼンプションにふさわしい労働者に適用される限り、長時間労働をするかどうかは本人の判断に委ねられます。日本の経済成長にとって必要な創造的な働き方は、時間に拘束されない自由な働き方から生まれてくると思います。寸暇を惜しんで働いて、大きな成果を上げた人の長時間労働は問題とされてきたでしょうか？

　今の労働法は、労働者を弱者と位置づけ、保護するという発想が強すぎます。強くなれなかった労働者に対するセーフティーネットも大事ですが、労働者が労働市場で自分を売り込む力を高めるよう、自立を促す考え方も必要ではないでしょうか」（2015年2月14日付朝日新聞朝刊）。

　大内氏によれば、そもそも、長時間労働するか否かは自己責任ということになります。大内氏の頭の中には、現実の労働社会の競争の厳しさへの認識はないようです。規制を欠いた競争は底辺への競争とならざるを得ません。資本主義の初期段階において、規制なき競争の中で異常な長時間労働が発生したことを忘れてはなりません。労働基準法改定案は戦争法案をめぐる与野党対決の中で、2015年中の成立は見送られ、2016年の通常国会に持ち越されました。引き続く注視が必要です。　　　　　　　　　　　　　　　　　　　　　　　　〈鷲谷 徹〉

[参考文献]
労務理論学会『現代資本主義企業と労働時間〜労務理論学会誌第25号』晃洋書房、2016年。
鷲谷徹編著『変化の中の国民生活と社会政策の課題』中央大学出版部、2015年。

6 安全で健康に働く権利

●労災・職業病対策の歴史

　第3章1でも述べましたが、わが国の労働者は明治・大正期においては、安全で健康に働くことはできませんでした。長時間労働や深夜労働はもちろん、安全や健康を確保できない悪労働環境のもとで、働かざるを得ず、それは、労働者の健康を損ない、負傷や死亡にいたる事故を引き起こすことも希ではありませんでした。労働災害の歴史の中でも炭鉱はしばしば規模が大きく、多くの犠牲者を出す事故を起こしてきましたが、当時は毎年のように、3桁の犠牲者を出す炭鉱事故が起こっていました。歴史上最悪の炭鉱事故は1914年に福岡県の三菱方城炭鉱で起きた爆発事故で、671人の犠牲者を出したと言われます（会社側の発表数字であり、実際にはもっと多かったとも言われています）。事故の原因は多くの場合、充分な安全対策がなされなかったことにありますが、あわせて、炭鉱事故が起きると、鎮火のために抗口を密閉して酸素の流入を止めたり、注水したりすることで、坑内に残っている生存者が犠牲になることも多かったといいます。労働者の命は徹底して軽視されていたのです。

　日本の労働者にとって最初の包括的保護立法は1911年に成立した工場法ですが、同法はヨーロッパの先行法と同様に、まず、年少者や女性の労働時間制限立法でした。しかし、工場法には年少者や女性に対する労働時間規制だけでなく、成年男性を含む労働者一般に対する労働災害補償に関する規定が設けられていました。しかし、農商務省工務局長として工場法立案の中心となった岡實自らが「先進国の法規に比して頗る幼稚なるものなり」（岡實『工場法論』1913年）と慨嘆したように、同

120　第3章—ワークルールを学ぶ

法の保護水準はきわめて低いものであり、それは労災補償水準についても同様のものでした。同法第15条は「職工自己ノ重大ナル過失ニ依ラスシテ業務上負傷シ、疾病ニ罹リ又ハ死亡シタルトキハ工業主ハ勅命ノ定ムル所ニ依リ本人又ハ其ノ遺族ヲ扶助スヘシ」とし、労働者の「重大な過失」があったときを除き、工場主の過失の有無にかかわらず（「無過失責任」）、労働者当人またはその遺族に対する「扶助」責任を認めました。具体的には療養扶助、休業扶助、障害扶助、遺族扶助、葬祭料、打切扶助の6種類であり、これは、今日の労災補償の枠組みと基本的に同じです。しかし、補償の水準はたいへん低いもので、たとえば、死亡したときの遺族扶助は工場法施行令では「賃金170日分以上」と定められていて、たとえば、戦後の労働基準法で遺族補償が賃金の1000日分と定められたのと比較すると6分の1程度にすぎませんでした。

●労働基準法が定める労災補償水準

安全衛生に関しては工場法第13条に「行政官庁ハ命令ノ定ムル所ニ依リ工場及付属建設物並設備ヵ危害ヲ生シ又ハ衛生、風紀其ノ他公益ヲ害スル虞アリト認ムルトキハ予防又ハ除害ノ為必要ナル事項ヲ工業主ニ命シ必要ト認ムルトキハ其ノ全部又ハ一部ノ使用ヲ停止スルコトヲ得」とあるのみで、工場法施行令においても、「危害」を予防するための具体的項目や基準は定められず、結局、安全衛生に関する使用者の義務を具体化するものではありませんでした。

戦後制定された労働基準法は、工場法と比べると、はるかに包括的でかつ当時の国際水準に近い労働条件規制の発現を意図するものでした。たとえば制定当初の工場法は全25条からなるたいへん簡素なものでしたが、労基法は全13章、130条からなっていて、規制すべき労働条件として掲げられたのは、労働契約、賃金、労働時間・休憩・休日及び年次有給休暇、安全・衛生、年少者・妊産婦等、技能養成、業務上災害補償、就業規則、寄宿舎、監督機関等々です。ただし、このうち、安全・衛生については、1972年に労働安全衛生法がいわば分離独

立したことによって、労基法における当該条文は全て削除されています。

　労基法における労働災害補償について、簡単に紹介すると、補償内容としては、前述の工場法時の6つの枠組みをそのまま踏襲しており、療養補償、休業補償、障害補償、遺族補償、葬祭料、打切補償の6項目です。「扶助」が「補償」に変わっているのは、工場法時代のいわば使用者側の恩恵的な「扶助」から労働者の権利としての「補償」、すなわち、労働災害に伴う労働者の損失・損害を補填することを意味しています。ただし、労基法上の補償の水準はもちろん、工場法とくらべれば高くはなっているものの、決して個々の労働者の損失の全てを補償するものではありません。その理由の一つは、個々の労働者の事情に対応しない、一律の補償水準だということがかかわっています。たとえば、労基法においては、労働災害で「1手の小指の用を廃したもの」には50日分の障害補償を支払うことになっています。もし、被災者の平均賃金が1万円だったとすると、障害補償は小指1本50万円ということになります。しかし、その被災者がピアニストであったらどうでしょうか。左手のみで演奏する著名なピアニストも存在しますが、ピアニストにとって小指1本を失うことは、たいへん大きなハンディとなるでしょう。労基法では、こうした職業の事情の違いなどはまったく考慮されません。あるいは、休業補償をみてみると、労働基準法第76条では「療養のため、労働することができないために賃金を受けない場合においては、労働者の療養中平均賃金の100分の60の休業補償」を行わなければならないことになっています。それは、被災者が得られる生計費が4割減となることを意味します。療養補償については、全額が補償され、被災者の負担は全くないのとは対照的です。

　遺族補償についても、被災者が若かろうが、年配者であろうが、前述の通り、一律1000日分の賃金が支払われます。損失補償という点から年齢の要素を考えると、若年者の場合には将来の職業人生において、年配者とくらべればより多くの賃金収入が得られると考えられ、年配

122　第3章―ワークルールを学ぶ

者より多くの補償がなされるべきですが、現実には被災時の平均賃金は年配者より低いので、補償金額も低くなってしまいます。しかし、現実の労災補償においては、こうした問題は一定程度解決されています。すなわち、労働基準法では、労災補償は使用者の義務とされていて、各補償は、直接使用者が費用を負担または金銭を給付することによって果たされる建前となっています。しかし、補償の確実性を担保するため、社会保険としての労働者災害補償保険（労災保険）の枠組みが別途設けられ、現実には、使用者の直接負担部分はきわめて小さく、労災保険から各補償が被災者・遺族に給付されています。注意すべきは、同じ社会保険といっても、労災保険は他の4つの社会保険（年金、医療、雇用、介護の各保険）とは原理が異なることです。すなわち、他4社会保険は被保険者が労働者当人であって、社会保険料は原則、使用者と労働者で折半することになっています。しかし、労災保険の被保険者は労働者ではありません。被保険者は使用者であって、労災保険料は全額使用者負担となります。これは、労災保険が労基法に基づく使用者の労災補償責任をいわば代行しているからです。もともとの労災補償責任は使用者にあるのですから、労災保険料の全額負担は当然なのです。

●社会保険としての労災保険

労災保険のもうひとつの特徴は、労基法の補償水準を上回る補償を定めていることです。たとえば、休業補償は前述のとおり、労基法では6割給付ですが、労災保険では8割給付となっています。また、遺族補償についても労基法が1000日分の一時金の支給であるのに対し、労災保険では原則、年金制度をとっており、遺族数によって異なりますが、最低でも153日分の年金が支給されます。とりわけ被災者が若い場合には、年少の遺族がいた場合、長期にわたる補償が可能となるわけです。しかし、休業補償の例をみても、せいぜい8割止まりであって、決して万全な補償の枠組みとなっているわけではありません。また、逆に、社会保険化することによって、いわば使用者にとって掛け捨て保険と

なることが、労災・職業病の防止のためのインセンティヴを弱め、安全衛生対策への意欲を弱める可能性も生じます。労災保険料さえ払っておけば、労災がおきても、使用者の経済負担は生じないことになるからです（労災保険料が事後に引き上げられることはありますが〜「メリット制」）。ここで、使用者の労災責任を追及し、かつ前述の労災保険の不十分な補償を使用者にカヴァーさせる方法として労働災害の民事損害賠償請求という方法があります。とりわけ、過労死や過労自殺等、使用者に安全・健康配慮義務違反がある場合、民事損害賠償請求が提起され、逸失利益や慰謝料等、労災保険の枠を超えた請求が行われる結果、多額の損害賠償が行われる場合も少なくありません。

　労働者の権利という点から、今日の労働災害の問題点について整理してみましょう。労働基準法が適用されるすべての労働者は使用者の業務上災害補償の対象となり、したがって社会保険としての労災保険の対象となります。公務員は別法によって同等の補償を受けますが、民間の労働者はいかなる雇用形態であっても、極端な話、不法就労者であっても労災保険の対象となります。最近、いわゆる「ブラックバイト」の例として、アルバイトは労災保険の対象にならないから、健康保険で労災の治療をさせるといったケースが報告されています。しかし、これは違法行為であり、使用者が労災保険料を支払っていなければ、過去に遡って保険料の徴収が行われ、追徴金が科せられます。また、いわゆる「労災隠し」とみなされ、使用者は労働安全衛生法違反で、罰金を科せられることもあります。もし、労災の被災者が健康保険で治療した場合、当人は3割負担という経済的損失ばかりでなく、詐欺行為とみなされて、ペナルティを受けることもあり得るのです。

　もちろん、労働災害は起きないことが最も望ましいものであり、そのための法的枠組みが存在します。労働安全衛生法は第3条において「事業者は、単にこの法律で定める労働災害の防止のための最低基準を守るだけでなく、快適な職場環境の実現と労働条件の改善を通じて職場

における労働者の安全と健康を確保するようにしなければならない」とし、単に、最低限の安全衛生基準を守るだけでなく、快適な職場環境の実現を求めています。そして、安全衛生法及び関連法令において、職場環境の具体的な安全衛生基準が定められ、安全衛生活動を担保する組織体制、労働者の健康診断等の枠組みが定められています。また、労働契約法第5条は「使用者は、労働契約に伴い、労働者がその生命、身体等の安全を確保しつつ労働することができるよう、必要な配慮をするものとする」とし、使用者の安全配慮義務を明示しています。

　しかし、安全衛生は使用者側の問題と捉えることは危険です。歴史の教訓は、労働者が労働組合等を通じて安全衛生、労災・職業防止のための具体的な要求と点検を行わなければ、コストの論理にたつ経営側は必ず手抜きを行うことを教えています。安全衛生法に定められている安全委員会、衛生委員会、安全衛生委員会等の組織活動を重視し、活用していくことが重要な課題です。かつて、戦後最大の労働災害として死者458名、一酸化炭素中毒患者839名を出した1963年の三井三池三川炭鉱炭塵爆発事故を契機に総評・中立労連が主催した「災害対策全国活動者会議」は「労災、職業病闘争」のスローガンとして「安全なくして労働なし・抵抗なくして安全なし」を採択したのです。

　冒頭で、明治・大正期の労働者の過酷な労働条件について触れましたが、工場法施行から100年たった今日、労働者の生命や健康が充分に守られるようになったと言えるでしょうか。2014年度の「過労死」労災請求件数は242件、「過労自殺」労災請求件数は213件でした（厚生労働省「過労死等の労災補償状況」）。過労死も過労自殺も「働かせすぎ」の結果であって、利益優先の企業行動の結果といえます。事態は根本的に変わったとはいえないのであり、労働者の健康と安全を最優先する労働時間や労働環境の枠組みの追求こそが依然として喫緊の課題なのです。

〈鷲谷 徹〉

[参考文献]
藤本武『労働災害』新日本新書、1965年。

7 賃金は どう決められる のか

　かれこれ20年前、1995年に出された旧日経連の報告書『新時代の「日本的経営」』は**図表3-7-1**のように、労働者を3つに分けました。

　期間の定めのない雇用契約、つまり正社員として長期蓄積能力活用型グループと、有期雇用契約、つまり非正社員としては2つ、高度専門能力活用型グループと雇用柔軟型グループです。長期蓄積能力活用型グループとは「従来の長期継続雇用という考え方に立って、企業としても働いてほしい、従業員としても働きたいという」労働者。高度専門能力活用型グループは「必ずしも長期雇用を前提としない」で「企業の抱える課題解決に、専門的熟練・能力をもって応える」労働者。雇用柔軟型グループは「定型的業務から専門的業務を遂行できる人までさまざまで、従業員側も余暇活用型から専門的能力活用型までいろいろ」。それぞれへの「処遇」は**図表3-7-2**のようにすると述べています。

　バブル経済が終わってまだ数年の時点でこうした経営方針が推し進められてきましたが、これが急場しのぎの不況対策ではなかったことは2000年代にはいって戦後最長の好景気の時期にも非正社員は増大していったことに示されています（参照、本書第2部④「フリーターという働き方」）し、その好景気の下でワーキングプア、格差社会が問題になり、今日に至っています。

　この間、対照的に──というべきでしょう──企業の内部留保は増え続けて、2015年年頭には麻生財務大臣が「まだお金をためたいなんて、単なる守銭奴に過ぎない」、「内部留保は昨年9月までの1年で304兆円から328兆円に増えた。毎月2兆円ずつたまった計算だ」、「その金を使って、何をするかを考えるのが当たり前だ。今の日本企業は間違

126　第3章―ワークルールを学ぶ

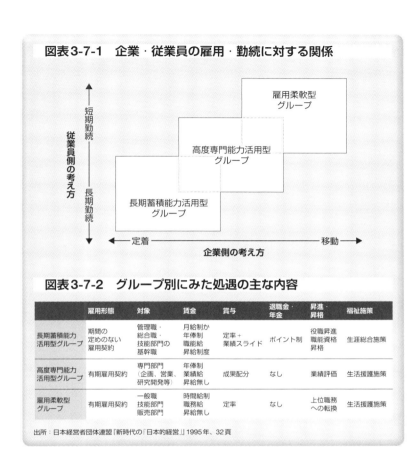

いなくおかしい」と発言して話題になりました(読売新聞2015年1月6日付)。麻生発言後も内部留保は順調に増え続けて、2015年9月発表の財務省「年次別法人企業統計」ではさらに26兆円増となり354兆円を上回っています。内部留保への課税が財務省や自民党でも検討されるという事態が生じる所以でしょう。

● 企業の支払い能力とは

　ところで毎年の春闘で企業が賃金をいくら支払うかは各企業の支払能力によって決められるといいます。元日経連専務理事の成瀬健生氏

は2012年に経団連の説明会に行ったところ、支払い能力はどうやって計算するのかという質問に対して経団連の担当者が「それはそれぞれ会社によって」と回答したことに慨嘆しています。というのも、かつては「それぞれ会社によって」とならぬように日経連から経団連に出向した人が中心になって支払い能力の計算についてちゃんとまとめていたそうです。成瀬氏は「まあいろいろ今の経団連は労使関係の中ではちょっと問題がありまして、あすこは労使関係があまり好きでないようですからご迷惑かけているかと思います」と述べています（成瀬健生「日経連の賃金政策」、連合総合生活開発研究所『日本の賃金』2012年、所収）。

　ところで、その成瀬氏は冒頭に触れた、『新時代の「日本的経営」』に「責任者として直接、討議や概念の整理に参加し、執筆指導」（成瀬健生『人を活かす！』日経連出版部、2002年）をも行った経験を持っています。『新時代の「日本的経営」』には「第Ⅲ部　事例編——14社の先進的事例——」が収められています。**図表3-7-3**はそこに掲載されているトヨタ自動車における賃金制度の変遷を示したものです。「89年以前の賃金は、年功的・勤続の要素が大きいもの」だったが90年以降、「①個人の頑張りをある程度リアルタイムで反映していくことで、目標に継続的にチャレンジしていく意欲を誘引する　②個人の能力に見合った賃金格差をある程度つける　③賃金の決定基準を従業員に一層わかりやすくする」方向で見なおしたと述べています。課長以上はもちろん係長以下でも事務系が技能系よりも職能給の比率が増えていくことがわかります。一般的に基本給、本給は年齢ないし勤続で決まり、職能給が人事考課（査定）によって勤続年数、年齢が同じでも賃金に差がつく部分です。しかし、トヨタ自動車は90年以降、「能力考課（基本給考課）と期間考課（職能給考課・賞与考課）の2種類に分け、対応する賃金項目の特性を生かせる考課制度」にしました。この制度変更は「『年功的あるいは勤続要素の一定限度の縮小』と『個人能力・業績の一層の反映』であり、制度上はほぼそのねらいを達成できたと考えており、今後は制度の定着と実行

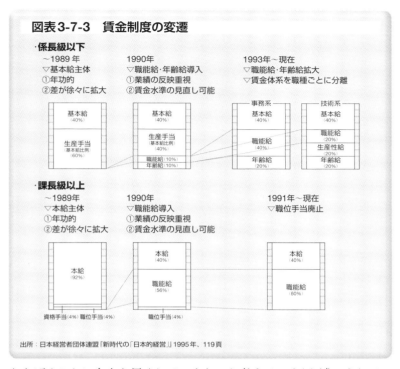

出所：日本経営者団体連盟『新時代の「日本的経営」』1995年、119頁

をあげることに全力を尽くしていきたいと考えている」と述べられています。

　しかし、トヨタはその後も賃金制度を変えていますし、トヨタに限らず、企業の賃金制度は『新時代の「日本的経営」』が出た1995年以降も様々に変更が加えられるようになりました。さらに能力・業績を重視する方向、つまり成果主義賃金の性格を強める方向に向かうものもあれば、逆に勤続年数や年齢の要素を再び重視するものもあります。また制度自体は成果主義の性格が色濃くても運用は年功的になり、「名ばかり成果主義」と言われることもありますし、成果主義導入によって職場の人間関係がすさみ、社員のメンタルヘルスへの対応に苦慮するケースも多く指摘されています。

図説　労働の論点　129

●賃金を抑えるための成果主義

　ところで、先の成瀬氏は次のようにも述べています。「成果給については日経連はあまり賛成ではなかったですね。どちらかというとこれは無理だと、賃金を抑えるために成果給を入れたわけですよね。成果というのは、良くできたら賃金をたくさん払うと言うのが成果だけれども、成果が出ないことを前提に成果給をやるのは、どう考えてもおかしいんで、やっぱりこれはまずいよとなったんですけど、結構、経営者の中では将来成果給を本格的に入れるという意見が随分ありまして、どうしてそういうことを考えるのかな‥中略‥やっぱりこれは無理だなーと当時から思っておりました。ここでは成果給の見方としては日本的人事管理制度とは合わないのじゃないかなーというのが、良識的な労務担当者の中では一致した意見だったと思っております」、「日経連の当時、組織部のコンサルタントをしていた連中も大勢いますけれども、中には成果給をやっている人もいますけれども、ほとんどの人はやっぱり成果給については、懐疑的だった。本気ではなかったという状況が実態でした」(前出、成瀬「日経連の賃金政策」)、と。つまり、成果主義賃金は賃金を下げるためものであった、それゆえ無理があると当初から思っていた「良心的な労務担当者」が経営者やコンサルタントに抑え込まれたのが成果主義流行の背景にあったようです。実際にも『新時代の「日本的経営」』は号令となりました。

　しかし、『新時代の「日本的経営」』が一定資格以上から定期昇給はなくすものの**図表3-7-4**のように「洗い替え方式(複数賃率表)による職能給」を主張したのは成瀬氏が告白するように当時から抱いていた懐疑と批判のゆえに成果主義賃金を抑制しようとしたものだったのかも知れません。「評価の結果によって、当然昇給ストップやマイナス昇給が起こる」としていますが、**図表3-7-4**では号俸(当該資格の在職年数)毎にS〜Dの5ランクが設定され、いずれの号俸でも最高のSランクを100としたとき最低のDランクは90となるように設定されています。号俸自体

図表3-7-4　洗い替え方式（複数賃率表）の一例（職能資格5級の場合）

年俸＼ランク	S	A	B	C	D
1	241,500	234,600	230,000	225,400	218,500
2	247,800	240,720	236,000	231,280	224,200
3	245,100	246,840	242,000	237,160	229,900
4	260,400	252,960	248,000	243,040	235,600
5	266,700	259,080	254,000	248,920	241,300
6	273,000	265,200	260,000	254,800	247,000
7	279,300	271,320	266,000	260,680	252,700
8	285,600	277,440	272,000	266,560	258,400
9	294,000	285,600	280,000	274,400	266,000

出所：日本経営者団体連盟『新時代の「日本的経営」』1995年、87頁

は毎年上がるうえに号俸内の賃金格差を10％内に抑えるというのは成果主義賃金の一般的イメージとはかなりかけ離れているでしょう。

　戦後日本の労働運動は、1946年に電産型賃金とよばれる、男女平等、工職平等の年齢別賃金を樹立しました。これは人事考課による賃金格差を3％程度にまで規制したものでした。電産型賃金は当時高揚した労働運動の中で労働者が仲間と共有していた平等観、公平感、勤労観を制度化したものであったと言えるでしょう。それが労使のせめぎ合いの中で次第に人事考課による賃金格差を拡大する方向に押し返されて今日に至ったのです。この点を含めた賃金に関わる歴史については紙幅の都合で触れられませんでしたので参考文献にあたっていただけたらと思います。　　　　　　　　　　　　　　　　　〈赤堀正成〉

［参考文献］
河西宏祐『電産型賃金の思想』平原社、2015年。
赤堀正成・岩佐卓也編『新自由主義批判の再構築』法律文化社、2010年。
下山房雄『現代世界と労働運動』御茶の水書房、1997年。

8 年功賃金は時代遅れなのか

漂流する成果主義賃金

　1995年に出された旧日経連の『新時代の「日本的経営」』がヨーイ、ドン！の合図であったかのように、年功賃金はもう古い、そんなことをやっているのは日本だけだ、いまや時代は成果主義賃金だ、というような風潮が出来上がりました。

　当時、書店のビジネス書コーナーには成果主義賃金を扱った派手な表紙の本がたくさん平積みにされていたし、電車内ではそれらを熱心に読んでいるサラリーマンの姿が目につきました（まだスマホはなかったのです）。ところが、それから約20年、2014年10月の「経済の好循環実現に向けた政労使会議」の冒頭、安倍首相が年功賃金の見直しに言及したことが話題になりました。「あれっ、年功賃金なんかまだあったの？」と思った人も少なくないでしょう。

　この政労使会議には経団連会長、連合会長の労使のトップが出席したほか、企業の社長たちも出席しました。それを報じた『日本経済新聞』2014年10月23日付記事「首相『年功見直しと賃上げ両立を』　政労使会議」によれば、同会議で、「ホンダの伊東社長は『1992年に役職者、2002年に一般社員に成果型を導入し、すでに年齢によらない賃金評価制度にしている』と語った。日立の中西CEOも今秋から年功的な色彩が残っていた管理職の賃金を、仕事の役割・内容を重視する仕組みに変えたと説明し『国内外一体での事業運営には日本の組織風土を変える必要がある』と述べ」、また「パナソニックは管理職の年功要素をすでに排除した。育成段階にある非管理職は経験に応じた賃金を残す一方、津賀社長は『賃金配分を見直し子育て層の処遇改善につなげていきたい』と若年層の待遇改善に含みを持たせた」とのことです。

132　第3章—ワークルールを学ぶ

図表3-8-1　ヒアリングを受けた3社の賃金制度の特徴

	一般社員 （おおむね20～30歳代前半）	管理職 （おおむね30歳代後半～）
日立製作所	能力が高まるほどに 賃金上昇	国内外共通の基準で 職務に応じて賃金を増減
ホンダ	若年から中堅層の 水準を引き上げ	能力と共に仕事の成果に 対応して処遇を変動
パナソニック	一定程度は年齢に 応じて賃金上昇	会社での役割に応じて 賃金を増減、年功を排除

出所：日本経済新聞2014年10月23日付

　同記事が載せていた**図表3-8-1**によると、日立製作所、ホンダ、パナソニックとも共通して、30歳代前半までは「能力」や「年齢」に応じて賃金の上昇を認めるが、30歳代後半からは賃金を増減させる、つまり、年功賃金の性格を廃して成果主義賃金にするとしています。同記事の副題は「子育て世代に力点」ですから、年功賃金を廃して成果主義賃金にするとで子育て世代に手厚くしようというのが主旨のようです。

●成果主義は子育世代にやさしい？

　子育て世代に手厚くすることについては誰もが歓迎するでしょう。それでも、子どもの年齢が上がっていくに従って習い事や塾等々で子育てに要する費用は上がっていくのが一般的だと思われます。

　ところで「子育て世代」とは何歳くらいを指すのでしょうか。「子育て世代の意識と生活」の副題をもつ『2005年版国民生活白書』によれば「子育て世代」とは「子どもの有無にかかわらず20～49歳の世代」です。また、『2015年版少子化対策白書』は次のように述べています。「2013（平成25）年で、夫が30.9歳（対前年比0.1歳上昇）、妻が29.3歳（同0.1歳上昇）と上昇傾向を続けており、結婚年齢が高くなる晩婚化が進行している。1980（昭和55）年には、夫が27.8歳、妻が25.2歳であったので、ほぼ30年間で、夫は3.1歳、妻は4.1歳、平均初婚年齢が上昇していることに

なる。さらに、出生したときの母親の平均年齢をみると、2013年においては、第1子が30.4歳、第2子が32.3歳、第3子が33.4歳であり、上昇傾向が続いている」と述べています。

　すると、先の政労使会議の議論によれば成果主義賃金が適用される30歳代後半は「子育て世代」の最中、子どもはまだ小学校入学前です。子どもが大学まで進学すれば——先の『2005年版国民生活白書』によれば、子どもが18〜21歳のとき「子育て費用はピーク」——親はそのとき50歳目前で成果主義賃金のただなかで荒波にもまれることになるわけです。『2005年版国民生活白書』は、「2003年の子どものいる世帯の月当たり教育費（授業料等、教科書・学習参考教材、補習教育）は、20代で5470円、30代で1万3600円、40代で3万7400円と世帯主の年齢が上がるにつれて急激に増加している」とし、「推計すると、一人の子どもを育てる費用は1302万円」になると述べています。政労使会議の議論によれば30歳代後半から成果主義を本格的に導入するということですが、どうしてそれでは子育て世代に手厚いとはなかなか言いにくいでしょう。

●年功賃金は日本だけ？

　先に紹介した日本経済新聞の記事は、「日本は勤続年数が長いほど賃金が伸びる」として、ドイツ、フランス、イギリスと比較した図表2を掲げていました。こうした図表は日本の年功賃金の特殊性を強調するために、そして「年功賃金からの脱却」を主張する際の根拠としてしばしば取り上げられます。

　外国にこんな笑い話があるとききました。旅客船が難破して乗客たちが肩を寄せ合いながら窮屈な救命ボートに乗っている時、そこに日本人がいればこう言えばよい、「あなたからお降りになったらいかがですか。こんな時はみんなそうしますよ」と。外国からは「日本人はみんなと違うことに不安を抱くらしい」と思われているようなのですが、**図表3-8-2**のタイトルはこの笑い話と似た論法ですね。皮肉なことに、ここでは日本人が日本人を説得しようとするときにそれが用いられている

134　第3章—ワークルールを学ぶ

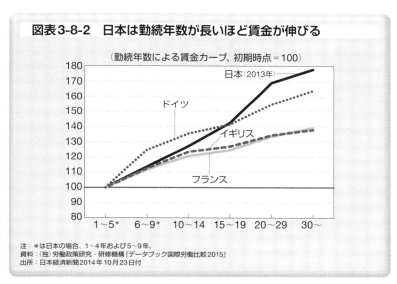

図表3-8-2　日本は勤続年数が長いほど賃金が伸びる

（勤続年数による賃金カーブ、初期時点＝100）

注：＊は日本の場合、1〜4年および5〜9年。
資料：（独）労働政策研究・研修機構『データブック国際労働比較2015』
出所：日本経済新聞2014年10月23日付

のですから、この笑い話がなかなか的を射たものであることは認めざるを得ないようです。

　さて、それでは勤続年数と賃金の関係ではなく年齢と賃金との関係をみるとどうなるでしょうか。個々人は年齢が同じでも勤続年数が異なることがありますから、年齢を基準として賃金を見ると勤続年数で見た場合よりも仕事経験の年数が賃金に及ぼす影響は希釈化されます。勤続年数でなく年齢階級別の、ホワイトカラー（「管理・事務・技術労働者」）とブルーカラー（「生産労働者」）とを区別した賃金格差のデータを**図表3-8-3**として掲げましょう。一般にホワイトカラーの方がブルーカラーよりも年功賃金の傾向は強くなります。そして日本で年功賃金から成果主義賃金へということはもっぱらホワイトカラーを対象に言われることですからホワイトカラーとブルーカラーとを分けた数値の方が参考になるでしょう。そこでホワイトカラーとブルーカラーの表を掲げますが、紙幅の都合からホワイトカラーのみについて触れます。

　男性は、29歳未満の賃金を100とするとき、50〜59歳では、最も高

図表3-8-3　年齢階級別賃金格差

職種		生産労働者						管理・事務・技術労働者					
年齢階級		計	~29	30~39	40~49	50~59	60~	計	~29	30~39	40~49	50~59	60~
製造業													
日本(2013年)	計	120	100	123	136	134	90	147	100	131	163	183	120
	男	125	100	125	143	148	96	151	100	132	166	184	119
	女	100	100	105	106	101	82	117	100	115	128	129	98
(以下、2010年)		**産業計 1)**											
イギリス	計	118	100	124	128	124	111	148	100	166	167	162	145
	男	120	100	123	132	130	112	166	100	172	200	198	168
	女	107	100	115	110	109	105	132	100	158	138	135	120
ドイツ	計	135	100	141	147	146	134	171	100	171	193	197	201
	男	141	100	146	157	157	142	194	100	184	224	231	222
	女	121	100	121	126	127	123	147	100	155	161	165	168
フランス	計	118	100	121	122	122	124	145	100	134	156	167	206
	男	123	100	125	130	131	130	159	100	143	172	185	231
	女	105	100	105	105	106	111	130	100	125	138	145	171
イタリア	計	116	100	113	119	124	117	148	100	129	153	174	209
	男	119	100	115	124	131	120	160	100	133	168	190	234
	女	100	100	108	109	108	107	135	100	124	140	156	168
オランダ	計	134	100	147	153	154	141	152	100	161	172	175	174
	男	136	100	148	159	160	140	169	100	164	195	201	191
	女	127	100	137	138	140	140	136	100	156	148	147	143
デンマーク	計	120	100	124	126	123	121	148	100	143	160	158	160
	男	122	100	127	130	128	123	164	100	156	183	180	176
	女	116	100	118	120	117	116	136	100	133	145	144	142
スウェーデン	計	108	100	111	113	111	108	128	100	128	139	136	133
	男	108	100	110	112	110	108	142	100	137	158	156	152
	女	107	100	110	112	109	108	119	100	119	126	123	122

注：労働者の種類別でみると、日本の産業計及び欧州の製造業データがないため、比較の際は注意を要する。
1) 公務、防衛、義務的社会保障を除く非農林漁業計。
出所：(独)労働政策研究・研修機構『データブック国際労働比較2015』

いのはドイツで231、次いでオランダが201、イギリスが198、イタリアが190、フランスが185、第6位にようやく日本が184で登場し、日本を下回っているのはデンマークの180、スウェーデンの156です。

　同様にホワイトカラーの女性についてはどうでしょうか。いずれの国においても女性は男性の値を下回っていることが注目されます。その上で最も高いのはやはりドイツで165、次いでイタリアが156、以下、オランダが147、フランスが145、デンマークが144、日本が129、スウェーデンが123です。

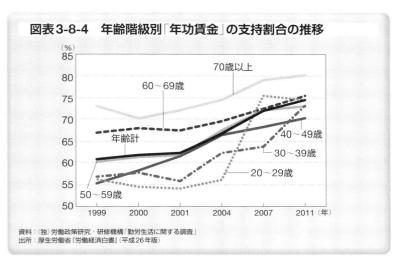

図表3-8-4 年齢階級別「年功賃金」の支持割合の推移

資料：(独)労働政策研究・研修機構「勤労生活に関する調査」
出所：厚生労働省『労働経済白書』(平成26年版)

　以上にみてきたように、勤続年数ないし年齢に応じて賃金カーブが右肩上がりになるのは多くの国々で観察されることで、年功賃金が日本にしかないとは言えないでしょう。さらに、成果主義の対象とされたホワイトカラーに限定してみると、日本の年功賃金の右肩上がりの傾きが大きすぎるとも言えないのです。

　そして日本の労働者国民の多数は**図表3-8-4**に見るように、「勤続年数とともに給与が増えていく日本的な年功賃金」を支持しています。これほど支持されていることが『新時代の「日本的経営」』から20年を経てなお年功賃金の存続が確認され、労働者国民の多数に抗して年功賃金から成果主義へというスローガンが唱えられる所以なのでしょう。

〈赤堀正成〉

[参考文献]
赤堀正成・岩佐卓也編『新自由主義批判の再構築』法律文化社、2010年。
高橋伸夫『虚妄の成果主義 日本型年功制復活のススメ』ちくま文庫、2010年。

9 最低賃金で暮らすことは可能か

2008年7月に施行された改正最低賃金法は、9条3項で「労働者の生計費を考慮するに当たつては、労働者が健康で文化的な最低限度の生活を営むことができるよう、生活保護に係る施策との整合性に配慮するものとする」と述べています。最低賃金で働いて得る賃金が生活保護基準を下回ってしまう、いわゆる逆転現象を是正する必要を認めたものでした。

その3年後、日本弁護士連合会「最低賃金制度の運用に関する意見書」(2011年6月16日)は、この点に関わって、冒頭で「最低賃金は、全国各地における地域別最低賃金額が、人たるにあたいうる生活を保証するのにふさわしい水準まで大幅に引き上げられるべきであり、生活保護の切下げによって『生活保護に係る施策との整合性』が図られるようなことがあってはならない」と述べ、「我が国の最低賃金は、一人で生活を維持していくことは勿論、子どもを生み育てていくことも極めて困難な水準のままであり、労働者の人たるに値する生活(憲法25条1項、労働基準法1条)が営める額とはなっていない」と述べています。

●逆転現象は続いている

そして、2015年7月に中央最低賃金審議会目安に関する小委員会報告が全国の都道府県で「生活保護水準と最低賃金との比較では、乖離が生じていないことが確認された」と述べたことが報道されて話題になりました。話題になったのは「乖離が生じていない」、つまり逆転現象が解消された、ということについて批判が相次いだからです。

神奈川県の事例をみてみましょう。神奈川県地方最低賃金審議会は、2008年から3年程度で、神奈川県における最低賃金と生活保護との乖

138　第3章—ワークルールを学ぶ

離額を解消させるとしたものの、実際にはそれから5年後の2013年に時給868円となって生活保護との乖離が「解消」されたとしました。

しかし横浜弁護士会の「最低賃金の大幅な引き上げを求める会長声明」(2015年8月13日)はつぎのように述べています。2013年の「この乖離額の解消は、最低賃金が引き上げられたことだけでなく、平成25年(2013年：引用者補)8月以降、生活保護基準が切り下げられたことに伴って達せられたものであり、本末転倒であると言わざるを得ない」と。

さらに、最低賃金と生活保護の逆転現象が解消されたというのは、生活保護を低めに算定しながら最低賃金を高めに算定したゆえだとして、やや長くなりますが、その一部を紹介します。

「平成26年厚労省毎月勤労統計調査による神奈川県の1か月あたりの所定内実労働時間は126.4時間であり、所定外実労働時間11.8時間を加えても138.2時間に過ぎない。しかし、前記試算は、最低賃金（時給）を1月あたりの収入に換算する際に、1か月あたりの労働時間を労働基準法の労働時間規制上限の173.8時間と仮定している。このため、最低賃金に基づく1か月あたりの収入が高く算定されている。そして、前記試算は、生活保護について、12〜19歳単身者を前提としており、子どもの養育を行っている世帯との関係では、生活保護が極めて低く算定されている。即ち、平成27年8月からの生活保護基準の更なる切り下げを前提としても、横浜市で40歳の女性が単身で中学生の子ども2人を養育している場合、最低生計費は、生活扶助、住宅扶助、母子加算、児童養育加算、教育扶助、学習支援費を合わせて、1か月あたり21万8,750円となり、これには公租公課も課せられず、医療を要する場合にはこれとは別途医療扶助も受けられる。これに対し、平成26年10月1日以降の神奈川県地域別最低賃金887円で1か月138.2時間稼働したとして、12万2,583円にしかならず、ここから、公租公課が控除され、手取金額は更に低額となる」。

先の日弁連「最低賃金制度の運用に関する意見書」も「最低賃金と比較すべき生活保護の水準は、若年単身者のみならず、子どもの養育を行っている世帯も加えるべき」、「最低賃金額の決定にあたっては非正規労働者の実態をより詳細に調査すべき」、「月間150時間程度就労に従事することを念頭に行うべき」と述べています。つまり、最低賃金は非正規労働者が子どもを養育できる程度でなければならないとしています。アメリカで取り組まれているリヴィング・ウェイジ（生活賃金または生活給）においても子ども2人を養育する4人家族がモデルとされています。

　さらに同意見書は最低賃金の大幅な引上げが中小企業へ大きな影響を及ぼすことを考慮して、補助金制度等の構築のみならず、「我が国において特徴的とされる重畳的な下請構造の中では、中小企業に対して生産性の向上を求めるだけでは不十分である」、「取引先企業からの発注時における買いたたきや契約後の下請代金の減額など、労働者に対する賃金の支払いを困難にするような不当な行為がなされないよう」に私的独占の禁止及び公正取引の確保に関する法律、下請代金支払遅延等防止法を従来以上に「積極的に運用」すべきであると述べています。

● 労働組合の取り組み

　ところで、労働組合は正社員が中心なので最低賃金への関心が薄く頼りにならないと十把一絡げに論じられることもありますが、神奈川労連（神奈川県労働組合総連合）は2011年6月に最低賃金は「少なくとも時間額1000円以上」に厚生労働省神奈川労働局長を相手に全国初めての行政訴訟を起こしました。その「原告最終準備書面」（http://www.kctu.jp/saichin-blog/20151109genkokusaisyuujyunbisyomen.pdf）の第4章「現在の最低賃金が原告らの生存権を侵害していること」はつぎのように述べています。

　「原告らは、時給1000円を下回る低賃金で働き、1つの仕事では生活保護基準以下の手取りしか得られない。そのため、原告らは、余暇や寝る時間を削って長時間労働（ダブル・ワークを含む）をしたり、本来人と

して生きていく上で必要な支出まで削って、ただ食べるだけで精一杯の生活を余儀なくされている」と。

さらに、交際費に事欠くことから友人の誘いを断らざるを得ないこと、手術などを含む必要な医療を受けられないことに加え、親の貧困が子どもの教育や進学の機会を奪うことについての証言も織り込まれています。ここには今日の格差社会が将来へ引き継がれることへの懸念があります。

3人の子どもを1人で養育していた女性は裁判で次のように証言しています。「働いて、疲れ果てて家に帰ってからも、食事の準備や洗濯、掃除もしなくてはなりません。子どもたちが興味・関心を持っている事について話をしたり、悩みを聞いてあげたりしたい気持ちを強く持っていても、そのための時間を持つことさえできませんでした」、「私は、子どもたちに贅沢をさせたいと望んでいるわけではありません。しかし、衣食住に不自由をさせたくはないですし、たまには遊びにも連れていってやりたいです。また、子どもたちの将来を考えたとき、教育や進学にもお金が必要です。しかし、私の収入が十分でなかったため、子どもたちには塾や受験を我慢させ、あきらめさせてきました。お金がなかっただけでなく、私が土日も働かなくてはならなかったため、子どもたちを遊園地や家族旅行に連れていってやることもできませんでした。子どもを育てるには、愛情だけでなくお金も必要であることを、私は、自分自身の経験として痛感させられてきたのです」。

他に多くの証言を引きながら、この「原告最終準備書面」は「憲法25条の生存権が、国民の生命・身体を保護していることは明らか」だが、「低賃金・低所得の下での長時間労働を強いられ、それが原因で健康を損ねたり、本人やその子がけがや病気をしても必要な治療や手術を受けられなかったり、さらに量も栄養も不十分な食生活を余儀なく」されていることから、「生存権侵害があることは明らか」と述べています。

2013年5月、国連社会権規約委員会は日本政府報告書に対する総括

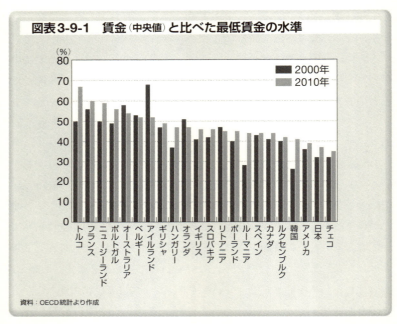

図表3-9-1　賃金（中央値）と比べた最低賃金の水準

資料：OECD統計より作成

所見として、30あまりの項目について勧告を行いました（本書第2部6「やりがいかそれとも労働条件か」）。社会権規約とは国際人権規約の一部をなすものです。

そこで最低賃金については「委員会は締約国（日本：引用者）内の最低賃金の水準が最低生存水準及び生活保護水準を下回っていること、並びに生活費が増加していることに懸念を表明する」として、さらに「委員会は締約国（日本：引用者）に対して、労働者及びその家族に相当程度の生活を可能にすることを確保する観点から、最低賃金の水準を決定する際に考慮する要素を再検討することを要請する。また、委員会は、締約国（日本：引用者）に対して、次回定期報告の中で、最低賃金以下の給与を支払われている労働者の割合に関する情報を提供するよう要請する」と述べています。

日本弁護士連合会の『社会権規約委員会の総括所見の活かし方と今

後の課題』によれば、この点にかかわって、「委員から、最低として何を提供することになるのか、例えば適切な生活水準であるとか、あるいは適切な生活を保障できるとか、そういうことも重要だということが規約に書いてあるわけで、最低賃金さえ確保されればいいという面が時々あるのも非常に問題だと指摘」され、さらに、「日本の最低賃金法には、最低賃金額決定の考慮要素の一つに『通常の事業の賃金支払能力』があるが、これが使用者によって濫用されてはいないだろうかとの懸念も指摘」されました。これらの懸念、指摘を当たらないと退けることは難しいでしょう。

　実際、**図表3-9-1**は、各国の最低賃金が賃金の中央値に対して何％占めるかを示したものです。図表では日本を下回るのはチェコのみで、格差大国として知られるアメリカをさらに下回っています。もちろん、その低い最低賃金を補うべく手厚い社会保障があるわけでもありません。政府与党からは「多様な働き方が可能な社会への変革」を目指す「一億総活躍社会」が喧伝されますが、増大傾向のやまない、低賃金で働かざるを得ない、雇用形態ばかりが「多様な」非正規労働者、低賃金労働者の「活躍」によって、「一億総活躍社会」が実現される懸念はないでしょうか、あるいは、すでにそのようにして実現しつつあるという疑念を抱かされないでしょうか。　　　　　　　　　　　〈赤堀正成〉

[**参考文献**]
日本弁護士連合会『社会権規約委員会総括所見の活かし方と今後の課題』2015年。http://www.nichibenren.or.jp/library/ja/kokusai/humanrights_library/treaty/data/society_rep3_pam.pdf
神奈川労連最低賃金裁判事務局「原告最終準備書面」2015年。http://www.kctu.jp/saichin-blog/20151109genkokusaisyuujyunbisyomen.pdf
石井まこと・兵頭淳史・鬼丸朋子編『現代労働問題分析』法律文化社、2010年。

女性はなぜ差別されるのか

10

●女性差別解消の歴史

　女性に対する社会的差別は、まさに歴史的なものであり、それは雇用と労働の世界でも同様です。女性差別は封建時代はもちろんのこと、近代民主主義体制に入ってからも、様々な直接・間接の差別が再生産されてきました。

　歴史の進歩は女性差別解消を促進し、たとえば1975年には国連の呼びかけで第1回世界女性会議が開催され、その後10年間を「国連女性の10年」と定め、女性の地位向上に向けて「世界行動計画」に基づき各国が取り組むことを確認しました。さらに、1979年には国連総会において「女子に対するあらゆる形態の差別の撤廃に関する条約」が採択されました。もちろん、こうした政府レベルの女性差別解消・社会参画促進に向けての取り組みのみならず、社会運動として、とりわけ労働の部面での女性差別解消に向けての取り組みが進められました。しかし、わが国の場合、運動面では男性を含めた広い取り組みが行われたとは言えず、しばしば、少数の勇敢な女性の闘いによって、裁判闘争を通じて一つ一つ差別が克服されてきました。たとえば、男女間の定年制差別に対して闘いを挑んだのは日産自動車の一人の女性労働者でした。中本ミヨさんは1969年1月に満50歳になったとして退職を命ぜられました。同社では男性の定年は55歳、女性は50歳でした。中本さんは「一歳の差別は一切の差別に通ずる」として、50歳定年制無効を確認する訴訟を提起しました。これに対し、仮処分一審（東京地裁）判決(1971年)は「女子の生理的機能水準は男子に劣り……女性55歳のそれに匹敵する男子の年齢は70歳となる」等の理由で、申請を棄却、仮処分

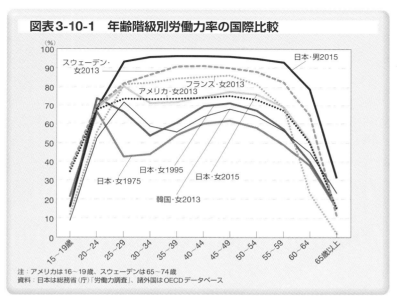

図表3-10-1　年齢階級別労働力率の国際比較

注：アメリカは16～19歳、スウェーデンは65～74歳
資料：日本は総務省（庁）「労働力調査」、諸外国はOECDデータベース

二審（東京高裁）も同様の判旨を示しました（1973年）。裁判官の無知には唖然とさせられますが、これはそれほど古い話ではありません。

　この訴訟は最高裁で原告が勝訴し、定年差別は違法と確定しましたが、それは1981年のことで、国連女性差別撤廃条約が採択されたあとのことでした。また、女性の賃金差別に対する裁判闘争も現在進行中のものを含め多数存在します。国際的な動きとわが国の女性差別解消のレベルの間にはまだ相当大きな差があると言わなければなりません。女性の社会参画の水準の国際比較のインデックスとしてよく利用される世界経済フォーラムのジェンダー・ギャップ指数をみると、日本は世界142カ国中104位と先進国中最悪の地位にあります。

●**女性差別の現状**

　以下では、雇用と労働の女性差別の現状について、いくつか具体例を取り上げてみましょう。まず、労働への参加のレベルを見てみます。**図表3-10-1**は女性の年齢階級別労働力率の国際比較を示したものです。

参考までに日本の男性のデータも加えてあります。いわゆる女性の労働力率のM字型カーブが日本及び韓国で残存しています。M字型は結婚、出産等による就業の中断、子育て終了後の労働市場への復帰という女性のライフサイクルの存在を示しますが、スウェーデンやフランス等では痕跡さえ残っていません。日本の女性については、最新の2015年のグラフ以外に、20年、40年前のグラフも表示しています。1975年のグラフは20歳代前半をピークとして、20歳代後半に20ポイント以上労働力率が低下し、ボトムを形成します。30歳代に入るとしだいに労働力率は上昇し、40歳代後半に第二のピークを迎えます。そこでは、多くの女性がパートタイマーとして働いています。20年後の1995年には、20歳代前半がピークであることは変わりませんが、20歳代後半にかけての労働力率の低下は10ポイントを下回っており、ボトムは30歳代前半に移っています。また、その労働力率は53.7%で、1975年のボトムであった42.6%とくらべ、10ポイント以上上昇しています。さらに、2015年のデータをみると、ピークは20歳代前半から20歳代後半にシフトし、ボトムは引き続き30歳代前半ですが、労働力率は71.2%と、20ポイント近く上昇しています。いぜんとしてM字型ですが、形状は大きく変化しつつあります。こうした変化の背景には、高学歴化、晩婚化、非婚化、少産化といった事情とともに、女性の社会参加が進んでいることがあるのです。

　しかし、これは、単純に結婚・出産による雇用中断がなくなったということではありません。**図表3-10-2**にみるように、女性の出産にともなう離職はいぜんとして多数に上っていて、とりわけ育児と労働の二重負担が女性の就業の阻害要因であることに変わりはありません。第3章4でみたように、わが国では男女間の家事負担の大きな差が存在していて、とりわけ育児期の女性の負担の大きさはシビアです。もちろん、育児休業による一定期間の猶予はあり、実際に女性の育児休業取得率は86.6%に上っていますが、取得率の分母には出産にともない退職し

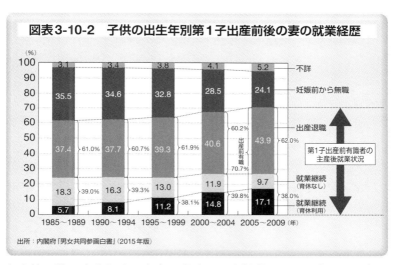

図表3-10-2　子供の出生年別第1子出産前後の妻の就業経歴

出所：内閣府『男女共同参画白書』(2015年版)

た女性の数は含まれず、本来の意味での取得率はもっと少ないと考えられます。また、育児休業は男女いずれも取得可能ですが、実際には男性の育児休業取得率はわずか2.3％に過ぎません。なによりも問題なのは、育児休業取得後の職場復帰にあたり、子どもの保育園への入園ができない場合には、さまざまな困難が発生し、育児休業明けに結局退職の途をとらざるを得ない女性が少なからず存在することです。「アベノミクス」の「1億総活躍」の目玉は女性の活躍ということになっていますが、実際の女性活躍のための社会的サポートはまことに乏しいものです。こうした背景のもとで、女性は雇用、労働条件の諸側面で差別を受けているのです。

　まず、雇用面についてみてみます。男女間で差が最も大きいのは雇用形態についてです。総務省「労働力調査詳細集計結果」によれば、2015年には雇用者のうち非正規雇用者は37.5％ですが、男性の非正規比率が21.9％であるのに対し、女性は56.3％と過半数が非正規でした。また、同じ非正規といっても、男女間で雇用形態の違いが大きく、男性の場合、パートタイマーは非正規雇用者の17.0％に止まりますが、

女性の場合、非正規雇用者の63.3%がパートタイマーであり、それは女性の役員を除く全雇用者の35.7%を占めていることです。非正規雇用者といってもさまざまな雇用形態があり、たとえば、契約社員や派遣労働者とくらべ賃金水準が低いパートタイマーの割合が高いことは、女性雇用者全体の賃金を引き下げることにつながります。

　男女間の賃金格差について見てみましょう。**図表3-10-3**は、男女賃金格差の国際比較です。データとしては必ずしも充分なものではなく、たとえば日本の場合、一般に賃金の中で大きな比重を占め、かつ、男女間格差が大きい一時金（ボーナス）が含まれていないこと、所定外給与（超過勤務手当等）が含まれていないことなどの問題はありますが、これだけでも、日本と欧米間の格差が大きいことが分かります。もちろん、職種、年齢、勤続年数等、賃金決定にかかわる諸要素を考慮したものではありませんが、そうした諸要素を考慮しても、日本の男女間の格差は明らかに大きいものです。なによりも、男女間の賃金格差（差別）をめぐる訴訟が数多く提起されていることがその証左です。

●女性差別解消への途

　女性差別の最も大きな理由は、日本の企業がコストが低く、雇用調整しやすい労働力として女性を位置づけてきたことにあります。それは、古典的役割分担意識の残存という社会的背景とも結びつき、根深いものがありました。逆に、そうした女性処遇のありかたそのものをチェックしなければ問題の根本解決にはならず、なによりもこれまで述べてきた一つひとつの差別解消の闘いがこうした企業行動を変革する重要な要素です。

　また、女性が働きやすい環境を整えることが必要です。その点で、最も重要な課題は、依然として結婚、出産、育児にともなう過重な負担をいかに解消するかにあります。具体的には、家事・育児負担の均等化、社会的サポートの充実に収斂するでしょう。

　家事・育児負担の均等化については、すでに第3章4で、生活時間レ

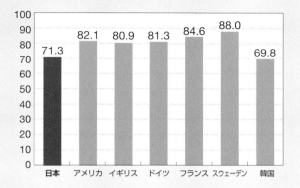

図表3-10-3 男女間賃金格差(男性＝100としたときの女性の賃金水準 2013年)

注：原則、産業計の賃金より算出。労働者の範囲は国により異なる場合がある。日本は一般労働者の一カ月当たり所定内給与額。フランスは2012年暫定値。
出所：労働政策研究・研修機構『データブック国際労働比較2015』

ベルでのわが国の男女間格差が国際比較でもきわめて大きいことを示しました。逆に言えば、男性の異常な長時間労働が女性の二重負担を強めていること、その解消のために強調したいのは、とりわけ男性の労働時間短縮が必要であることです。

社会的サポートの中心は保育施設です。待機児童問題がターゲットの一つであることは明らかであり、とりわけ地域の公的保育の充実が喫緊の課題です。ただし、待機児童数にみられるように、保育施設は量的問題として捉えられがちですが、保育の質の確保は重要であり、安易な民営化や、設置基準の引き下げには注意する必要があります。

〈鷲谷 徹〉

[参考文献]
内閣府『男女共同参画白書』各年版。
中本ミヨ『されど忘れえぬ日々：日産自動車の男女差別を撤廃させた12年のたたかい』、かのう書房、1996年。

11 「同一労働同一賃金」と 「同一価値労働同一賃金」

●男女間の賃金差別と「同一労働同一賃金」

　現代社会においても、様々な領域において理不尽な差別がなお存在していることはしばしば指摘されるところです。たとえば、男女間の差別をはじめとする、性別や性的志向を理由とする差別は、そのなかでも最もよく知られたものです。そしてそのような差別は、雇用労働の場における賃金など労働条件をめぐって最も集約的に現れていると言えるでしょう。たとえば、**図表3-11-1**が示すように、女性の賃金はどの年齢階層でも男性の賃金より低く、とりわけ中高年層では著しい格差が存在し、全年齢階層の平均では約2倍もの開きがあります。

　このような男女間の賃金格差は、先進国のなかでもとりわけ日本において甚だしく現れています[→**図表3-10-3**・149頁]。しかし、もともと男女間の賃金格差、それを生み出す制度的な賃金差別は、日本に限らず資本主義世界に普遍的に存在したものであり、一部の欧米諸国では、遅くとも20世紀前半から問題視されてきました。そうした賃金差別を是正するための考え方として登場したのが、「同一労働同一賃金」という原理です。

　「同一労働同一賃金」とは、同じ職場で同じ内容の仕事に従事している労働者であれば、男性にも女性にも、勤続・学歴・能力・成果などの違いがない限り、その賃金は同じ賃率（時間単位の賃金額）で支払われなければならない、女性であることを理由として男性よりも低い賃率を適用することは許されない、という原理です。

　今では当たり前のようにも見えるこの原理ですが、20世紀前半までの資本主義社会にあっては、同じ仕事をしていても、男性と女性に対

150　第3章—ワークルールを学ぶ

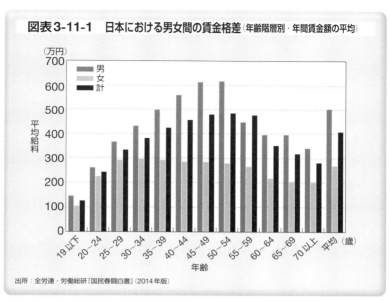

図表3-11-1　日本における男女間の賃金格差（年齢階層別・年間賃金額の平均）

出所：全労連・労働総研『国民春闘白書』（2014年版）

しては、公然と異なる賃率が適用されることが普通に行われていました。これは、女性労働者をあくまで二級の労働者とみなす社会意識によって正当化されていたわけですが、早くも19世紀末にはイギリスにおいて、女性労働者のなかからこれを批判し、同一労働同一賃金を要求する運動が現れます。そして第一次・第二次の両世界大戦を経て、この原理は世界各国で労働組合の普遍的な要求として取り上げられるようになり、そうした運動の成果もあって、戦後には各国で法制化されるなどして世界的に共有されるようになりました。日本でも、第二次大戦直後に制定された労働基準法の第4条において「使用者は、労働者が女性であることを理由として、賃金について、男性と差別的取扱いをしてはならない」と定められ、この原理が法制化されています。

● 「同一労働同一賃金」から「同一価値労働同一賃金」へ

ところが、このように同一労働同一賃金という原理が規範化・法制化されて、男性と同じ仕事に就く女性に対してあからさまな差別賃金

を適用するということはなくなっても、男女間の賃金格差という問題は、解消というにはなお程遠い状況が続きました。それは、女性の低賃金という状況は、同一労働同一賃金原理に明白に抵触する直接的な差別だけではなく、間接的な差別によってももたらされていたからです。間接差別にはさまざまな形をとったものがありますが、なかでもとくに大きな役割を果たしていたのが、性別職務分離にともなう「女性職」の低賃金という問題です。

　現代の労働社会においては、業種によっては、従事者の大多数を男性が占める職種（男性職）と、女性が占める職種（女性職）との分離が、好むと好まざるとにかかわらず今なお現実に存在します。これを性別職務分離といいます。女性職である看護師と男性職である診療放射線技師という職務分離の存在する、医療産業の職場などが典型です。そのような性別職務分離が存在する職場では、しばしば、必要な技能や作業負担、責任の程度が同程度であるにもかかわらず、男性職に比べて女性職に不当に低い賃率が設定される、という状況が存在してきました。結果として、同じ職場において女性労働者が男性労働者に比べて低賃金という状態におかれるわけです［→**図表3-11-2**]。

　このように、性別職務分離を通じた女性に対する間接的な賃金差別を解消する理念として、同一労働同一賃金を発展させたものが、「同一価値労働同一賃金」という原理です。これは、異なる仕事であっても、作業負担や責任などの大きさといった点で同等の価値をもつ仕事には同一の賃率を保障することによって、賃金の男女差別を解消する考え方です。

　この原理は比較的新しいものと思われがちですが、実はこの概念自体は早くも1919年ILO憲章において登場しており、さらに第二次大戦終結から間もない1951年に採択されたILO100号条約でその基本的な考え方は定式化されています。欧米諸国でも1970年代以降、男女賃金差別解消の原理としては、この同一「価値」労働同一賃金という発展し

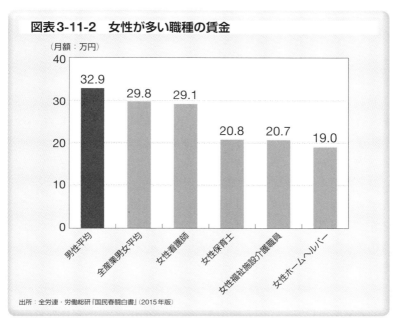

図表3-11-2　女性が多い職種の賃金
(月額：万円)
- 男性平均：32.9
- 全産業男女平均：29.8
- 女性看護師：29.1
- 女性保育士：20.8
- 女性福祉施設介護職員：20.7
- 女性ホームヘルパー：19.0

出所：全労連・労働総研『国民春闘白書』(2015年版)

た理念の方が重要視されるようになってゆきました。また日本も1967年にはILO100号条約を批准しています。すなわち、男女の賃金差別を形式的にのみならず実質的にも解消してゆく方策として、この同一価値労働同一賃金という原理をすみやかに具体化してゆくことは、国の法的な責務としても求められているのです。

そして、この同一価値労働同一賃金を実現する具体的な手法として各国で採用されているのが、それぞれの仕事を、必要とされる知識・技能、精神的・肉体的負荷、責任、作業条件といった諸要素に分解して点数化し評価する、職務評価という技術です。この技法によって、職場に存在する女性職に対する不当に低い評価が是正され、性別職務分離による男女賃金の差別が解消されることが期待されています。

ところで日本では、賃金制度設計に職務評価という技法を導入することはすなわち「職務給」の全面的な導入を意味するものであり、勤続

年数や能力といった要素が大きな比重をもつ日本的な賃金制度になじまない、したがって、職務評価の活用も同一価値労働同一賃金の実現も困難である、といった言説がしばしば見受けられます。しかしこれは日本独特の誤解に基づくものです。

前述したように、そもそも同一(価値)労働同一賃金という原理は、世界の標準的な理解においては、賃金決定における勤続年数や能力といった要素の考慮を排除するものではありません。職務評価の導入も、労働運動の側からは、あらゆる賃金を職務価値のみに基づいて決定するためにではなく、あくまで男性職と女性職との不合理な賃金格差を解消する手段として推奨されてきたものです。こうした点を正しく理解するなら、日本においても同一価値労働同一賃金の実現は決して困難なものではないと考えるべきでしょう。

●非正規雇用の拡大と「同一労働同一賃金」

ところで、1990年代以降、パート・派遣・有期雇用といった、いわゆる非正規労働者の活用の拡大と、従来的なフルタイム直接雇用労働者(正社員)の抑制・削減という傾向が、欧米・日本・韓国など先進国共通の動きとなっていることはよく知られています。そして非正規労働者の賃金など労働条件は、国によって程度の差はあれ、総じて正社員より低い水準に抑えられ、非正規労働者のおかれた劣悪な境遇とそれに起因する社会的格差は世界的な問題となっています[→**図表3-11-3**]。

こうした問題を解決するために、正規雇用でも非正規雇用でも同じ仕事をしていれば同じ待遇を、という均等待遇の要求が叫ばれるようになり、その一環として、労働組合などからは、男女間のみならず異なる雇用形態間での「同一労働同一賃金」を、というスローガンが提起されるようになっています。

ヨーロッパにおいてはこの異なる雇用形態間の同一労働同一賃金という考え方はかなりの程度社会的に浸透し、EUレベルでも各国レベルでも法制化されつつありますが、現実には使用者側による様々な「法の

図表3-11-3　フルタイム・パートタイム労働者間賃金格差の国際比較

	%	年
日本	55.9	2010
アメリカ	30.7	2010
イギリス	71.7	2010
ドイツ	82.1	2006
フランス	88.2	2006
イタリア	75.4	2006
オランダ	85.3	2006
デンマーク	81.3	2006
スウェーデン	83.4	2006

出所：労働政策研究・研修機構『データブック国際労働比較2012』

抜け道」の利用を通じて、理念どおりの均等待遇や同一賃金にはまだ距離があるのが現実です。他方日本やアメリカでは、こうした考え方自体がまだ社会的に共有されるに至っていません。この問題領域における同一労働同一賃金をめぐる政策や運動の取組みは、今日ますます重要になりつつあると言えるでしょう。　　　　　　　　　　　〈兵頭淳史〉

[参考文献]

T. ビーチャム他（中村瑞穂監訳）『企業倫理学3』晃洋書房、2003年。

森ます美・浅倉むつ子編『同一価値労働同一賃金原則の実施システム』有斐閣、2010年。

岩佐卓也『現代ドイツの労働協約』法律文化社、2014年。

U.S. Department of Labor, Women's Bureau, *Equal-pay Primer*, 1960.

ユニオンを
活用する

●本書ではここまで、労働現場にさまざまな問題が存在していること
を、知識・情報として取り上げてきました。しかし労働問題は、単な
る知識や情報としてのみ存在するものではなく、現実に毎日働き生活
する私たちの身に差し迫った課題です。賃金・労働時間・雇用をめぐ
るさまざまな矛盾や軋轢は、私たち自身の仕事や職場生活をめぐる不
満やトラブルとして、いつ生起してもおかしくないものです。あるい
は読者のなかには、すでに何らかのトラブルに直面している、日々不
満が募るなかでアルバイトや職業生活を送っている、という人もいる
かもしれません。

●私たちは、そのように不満を抱えたりトラブルに直面したとき、ど
のようにふるまえばよいのでしょうか。「我慢する」「辞める」という行
動が、選択肢として存在することも確かです。しかし、それらは本当
に有効な解決策となるのでしょうか。その一方で、「発言する」という
選択肢も存在します。本章では、生活や健康を維持しながら、働くこ
とをめぐる状況を改善していこうとするなら、この「発言する」ことこ
そが、最も効果的な手段であることを、まず確認します。

●そして、「発言する」という行動を可能にし、実効性をもたせる手段
として存在するのが労働組合（ユニオン）です。本章では続けて、労働組
合（ユニオン）が存在する意義、それがどのように機能を発揮しているの
か、どのような可能性があるのか、といったことを主要なテーマとし
て取り上げ、考えていきましょう。

1 職場の 不満やトラブルを どうするか

●「我慢する」

仕事や職場に関する不満を抱えたり、困難な状況に陥ったとき、私たちにはどのような行動の選択肢が存在するのでしょうか。

まず考えられるのは「我慢する」という行動です。人生につらいことはつきものです。「仕事というのは甘いものではない」という言い方も、もっともなように思えます。仕事でどれほど苦しい、いやな目にあっても、我慢して耐え忍ぶことで、私たちは我慢強い人間に「成長できる」のかもしれません。

しかし他方で、次のような事実も直視しておくべきでしょう。「ニート」（NEET = Not in Education, Employment or Training）と呼ばれる、求職活動もせず教育・訓練も受けていない若年無業者の増加が社会問題として認知されるようになって久しいわけですが、そのニートは、しばしば、勤労意識や責任感の低い現代若者気質の現れであり、生来の怠け者であるかのように捉えられがちです。ところが、政府の委託によるニート実態調査によれば、じつはニート状態にある若者のうち「連続1か月以上就労した経験」のある者は8割を占めます。また、ニート状態の若者の7割は「将来の幸福のために、今は我慢が必要だ」と考える人々だということも明らかになっています[→**図表4-1-1**]。さらに、政府による別の調査が明らかにしたところでは、ニート状態に陥った直接の理由として最も大きな割合を占めているのは「病気・けが」です[→**図表4-1-2**]。

このことは何を意味しているのでしょうか。このニートという存在は、今日の、とりわけ若者をめぐる社会・労働問題の集約的な現れとみなされていますが、彼／彼女らは、決して勤労意識の低い、我慢の足り

図表4-1-1 「将来の幸福のために、今は我慢が必要だ」と考えるニート

そう思う	24.9%
ややそう思う	48.1%
あまりそう思わない	21.1%
そう思わない	5.0%
合計	99.0%
無回答	1.0%
合計	**100.0%**

出所：社会経済生産性本部『ニートの状態にある若年者の実態及び支援策に関する調査研究報告書』(2007年)

図表4-1-2 ニート状態の若者が求職活動をしていない理由

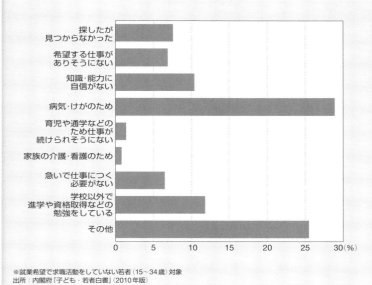

※就業希望で求職活動をしていない若者(15～34歳)対象
出所：内閣府『子ども・若者白書』(2010年版)

ない若者なのではなく、むしろ、まじめに働き、過酷な職場状況であってもそれを我慢し、あげくのはてには体を壊して労働市場から出ていかざるをえない、そのような人々だとみるべきことを示しているのでは

ないでしょうか。

　いやなことやつらい目にあっても「我慢」して働き続けるという、日本では「美徳」として無責任に称えられがちな行動は、往々にして、個人にとっては健康や生活の破壊、それによって労働市場から排除される、といった結果をもたらし、ひいては深刻な社会問題につながっているとさえ言えそうです。とてもおすすめできる選択とは言えません。

●「辞める」「逃げる」

　では、我慢せずに、そんなひどい職場は辞めてしまう、というやり方で身を守るというのはどうでしょう。江戸時代にも、苛烈な治政を敷く領主に対して、農民たちが「逃散」するというケースが多々あったことは知られています。昔から、「逃げる」「退出する」というのは、組織に不満を抱えたメンバーの抵抗手段としてはよくあるものでした。少なくとも「我慢」のあげく体を壊す、というよりよほど賢明なやり方にも見えますし、従業員が次々に辞めていく、ということになれば、企業の経営者も労働条件や職場環境の改善の必要性に気付くかもしれません。

　しかし現実には、現代社会の労働者にとって、企業・職場から「退出する」という選択肢をとることは簡単なものではありません。**図表4-1-3**からわかるように、景気の良し悪しにかかわらず、いったん仕事を失った人のうち25〜40%はその後1年以上職を見つけることができていません。また、首尾よく再就職に成功しても、それによってより良い労働条件を獲得する可能性も高いものではありません[→**図表4-1-4**]。少なくとも今日の日本社会において、職場からの退出＝離転職のコストは、私たちが想像する以上に高いものなのです。

●「発言する」

　では、職場での不満やトラブルに直面した私たちがとりうる、真に有効な解決策とはなんなのでしょうか。それは、我慢することでも退出することも有効ではないとすれば、そのような職場環境や労働条件

160　第4章—ユニオンを活用する

図表4-1-3　失業者に占める1年以上失業者の割合

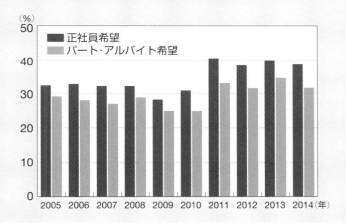

資料：総務省統計局『労働力調査年報』各年版

図表4-1-4　転職に伴う賃金変動

前職一般労働者、離職理由別、2002〜2011年平均

(単位：%、%ポイント)

	賃金変動									
	3割以上増加	3割未満1割以上増加	1割未満の増加	変わらない	1割未満の減少	3割未満1割以上の減少	3割以上の減少	賃金増加	賃金減少	賃金増減DI
自発的理由等	3.8	13.3	12.9	36.6	9.4	13.5	10.6	29.9	33.5	-3.6
定年・契約期間満了	1.8	4.9	6.7	36.3	7.5	13.8	29.2	13.3	50.4	-37.1
会社都合	1.6	7	8.6	37.8	11.8	18.9	14.3	17.2	45	-27.8
理由計	3.2	11.3	11.5	36.7	9.4	14.2	13.7	26	37.3	-11.3

出所：厚生労働省『転職入者の賃金変動に関する状況』(2013年)

を改善するために「発言」するというオプションが浮上します。しかし言うまでもなく、たった一人で声を挙げたところで、黙殺されるか、あるいはそのこと自体が、当の労働者の立場を一層悪くすることさえあるでしょう。発言するためにはそのための武器が必要です。それは、多数の労働者が団結して声を上げることであり、それが具体的な形をとったものが労働組合（ユニオン）です。

労働者が一人ひとりばらばらの状態にあるのではなく、多数が団結して発言すれば、使用者（雇主・企業）の側はこれを無視することはできません。否応なく、使用者は話し合いを持たざるをえなくなります。これが「団体交渉」です。個々の労働者は使用者に対して弱い立場にあっても、団結という武器を手にすることで、労働者は、労働条件や職場環境などをめぐって対等な立場で交渉しうる関係（労使関係）を構築することができるのです［→**図表4-1-5**］。

ところで、団結した労働者は、なぜ使用者との間に対等な関係を築けるのでしょうか。それは、まずは「法で決まっている」からだと言えます。労働組合の結成は憲法と労働組合法で、労働者に（正社員・パート・アルバイトなどの雇用形態を問わず）認められた権利ですが、日本の労働法は同時に、労働組合からの団体交渉の要求に対して、使用者は必ず誠実に応じなければならないことも定めています。

しかし、法は使用者に対して、団体交渉における労働組合の要求を受け入れなければならないと定めているわけではありません。労働法によって決められているのは、使用者が団体交渉に誠実に応じることまでであり、団体交渉によって労働者の要求が受け入れられるかどうかは、法の知るところではありません。労使の対等な関係のもとで、労働者が自らの不満を解消し要求を実現できるかどうかは、究極的には労使の「力関係」によって決まると言えます。

労働者と使用者が、「力関係」という面も含めて真の意味で対等な関係を構築するためには、単に労働者が組織を作る、というところから

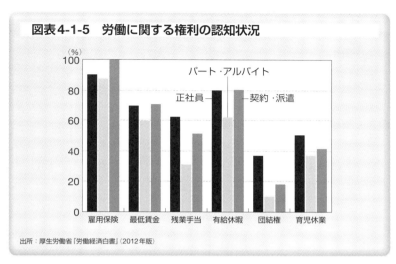

図表4-1-5 労働に関する権利の認知状況

出所：厚生労働省『労働経済白書』(2012年版)

一歩進み、要求の実現へ向けてさらなる武器を持つことが必要です。それは、団結した労働者が使用者に損害を与えうる行動、具体的には、労働者がいっせいに労働力の提供を拒否すること、すなわちストライキを典型とする争議行為なのです。

このように、労働組合(ユニオン)を結成し、または加盟する権利(団結権)、労働組合が使用者と対等に話し合う権利(団体交渉権)、労働組合が団体交渉における武器として組織的な実力に訴える権利(団体行動権／争議権)という労働三権(労働基本権)をもっていることを認識し、それを行使することこそが、労働の場における不満やトラブルを解決するために最も有効な手段としての「発言」なのです。　〈兵頭淳史〉

［参考文献］
A.O.ハーシュマン(矢野修一訳)『離脱・発言・忠誠』ミネルヴァ書房、2005年。
R.B.フリーマン・J.L.メドフ(島田晴雄・岸智子訳)『労働組合の活路』日本生産性本部、1987年。
石川源嗣『労働組合で社会を変える』世界書院、2013年。

2 労働組合は どこへ行ったのか

●ストライキのある国、無い国

　最近はイスラム過激派のテロの影響でやや人気が落ちているものの、フランスはいまだに海外旅行先として根強い人気を誇っています。しかしフランスに旅する時、とくに卒業旅行など春先に観光で訪れようとするときには、テロ以外にも注意が必要なことがあります。それは「日程の狂い」です。冬の終わりから春先にかけての時期、フランスに出かければ、地下鉄や空港といった交通機関・施設が予定どおり動かず、日程の大幅な遅れが生じることも、ある程度織り込んで行動することが必要です。なぜならこの時期、こうした公共部門も含めてしばしばストライキが発生するためです。

　そしてこのことは、じつはフランスに限ったことではありません。フランスはとくに顕著ですが、ヨーロッパの他の国でも、ストライキによって移動や買い物、荷物の発送や受け取りといったことの予定などに狂いが生じる「リスク」は、日本に比べればはるかに高いと考えるべきでしょう。

　ひるがえって日本ではどうでしょうか。日本はたいへん「便利」で「安全」な「安心できる」国だと言えるでしょう。公共交通機関の運行時刻は世界一正確だと言われ、宅配便は年末年始も含めいつでもフル稼働、発送の遅くとも翌々日には、国内ならばどこでも到着することを「当たり前」のサービスとして享受できます。地震や台風などの自然災害にはたびたび見舞われる日本ですが、こうしたサービスや商品の生産・流通が、労働者のストライキによって長時間・長期間ストップする、といったことを、私たちはほとんど想定することなく生活しているわけで

164　第4章—ユニオンを活用する

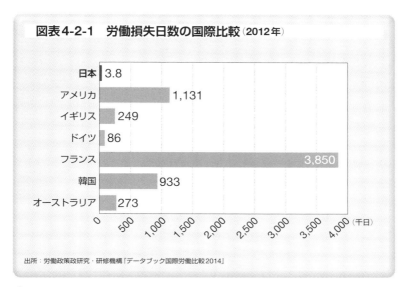

図表4-2-1 労働損失日数の国際比較（2012年）

出所：労働政策研究・研修機構「データブック国際労働比較2014」

す。

●見えない労働組合

しかしそのような状況は、じつは世界的に見れば異様なものです。**図表4-2-1**は労働損失日数を主要先進国間で比較したグラフです。労働損失日数とは、ストライキの参加人員数と日数を掛け合わせた数値で、各国におけるストライキの規模や激しさを計測する指標となるものです。欧米諸国や韓国とはまったく異なり、日本はほとんどグラフの高さを確認することができないぐらいで、ストライキがほぼ根絶された「特殊な国」であるということがわかります。

じつはかつて、高度成長期には、日本でも、春先には「風物詩」のように、交通機関をはじめとする労働組合によるストライキが報じられていました。工場や駅などに、赤地に白い文字で労働組合の名前が染め抜かれた旗やのぼりが林立する光景もめずらしくありませんでした。労働組合やその活動は（年中を通して日常的にというわけでは必ずしもなく、晩冬から春先にかけての「春闘」期に偏った形ではあれ）、私たちの生活や仕事の場に、少

なくとも今よりはずっと近しい、目にふれやすい存在でした。ちなみに、現在でもアメリカなどに行くと、街のなかで労働組合の横断幕を目にしたり、通りを歩く「普通」の人が何気なく来ているTシャツが労働組合のマークがプリントされたものであったり、街を走り回る電話・インターネット会社のサービスカーに労働組合のステッカーが貼ってあるといった光景が普通に見られます。

　ところが、2010年代半ばの日本社会において、労働組合がそのような形で私たちの目に存在感を示すことはほとんどなくなりました。ストライキはほとんどなく、ほんとうにごくまれに交通機関などでの数時間のストライキが発生しただけで、マスコミは「利用者の声」として、ストライキそのものを「迷惑なもの」として徹底して非難します。

　言うまでもなく、ストライキは憲法と労働法によって保障された労働者・労働組合の正当な権利行使であり、労働組合にとって団体交渉で自らの要求を実現するための最も重要な武器です。そして何より、ストライキが発生する背景には、労働者と使用者双方の利害のせめぎあい、という事態が存在するわけで、どちらか一方にのみ責任があるわけではありません。日本よりもはるかにストライキの頻発する西欧諸国で、ストライキに際して一方的に労働者や労働組合を批判する報道や社会的言説が垂れ流されることがありえないのも当然のことといえるでしょう。

● 「便利で快適な消費生活」の裏に

　これに対して私たちの社会では、商品やサービスが円滑にスケジュールどおり供給され、消費者がそれを望むままに購買できることこそが「当然」とされ、何よりも重要視されます。そのような状況を維持するためには、労働組合のストライキなどもってのほか、というわけでしょう。しかし、私たちの国で「消費者」として享受できる利便性や快適さのはんらん、「クレーマー」問題の顕在化にみられる「消費者主権」的発想の極端な浸透の裏には、生産・流通サイクルのスムーズな稼働と過

剰なまでの顧客サービスを徹底的に求められるがゆえの過剰な働き方、労働問題が存在しています。

　この社会に生きる人々は、消費者としてふるまうときには「王様」か「神様」としての地位を手に入れることと引き換えに、働く場においては「奴隷」に身を落としている、少々極端な表現をつかえばそのように言えるかもしれません。しかももちろん、消費者というポジションに立つためにはお金をもっていることが必要です。消費者としてふるまうときと働く者という立場に立ったときの落差が激しいということは、それだけ「お金をもっている人とそうでない人」との格差が激しい社会であることを示唆するものでもあります。

　あふれんばかりに享受できる消費者としての便利さ快適さと、働く場における悲惨、この社会がこのように極端な二つの顔をもっていることは、労働組合の「不在」と大きくかかわっているのです。では、かつてはそれなりに存在感を示していた日本の労働組合はどこへ行ってしまったのでしょうか［→**図表4-2-2、3**］。

●**企業別労働組合と「ユニオン」**

　よく知られたことですが、日本の労働組合の主流を占めるのは「企業別労働組合」と呼ばれる組織形態をとるものです。金属、自動車、サービス、といった産業レベルの組織に個々人が直接加入する欧米型の「産業別労働組合」とは異なり、企業ごとに組織され基本的には当該企業の正社員のみが組合員資格をもち企業名を冠した組合名をもつ労働組合に個々の労働者が加入する、こうした特徴をもつ企業別労働組合であることが、日本の労働組合が弱いことの原因である、とよく言われます。確かに、大企業の企業別労働組合を中心に、日本の労働組合は企業「内」組合と言われるほどに内向きとなり、経営側の論理と一体化した労務管理の下請組織になっているとは、しばしば指摘されるところです。

　しかし、日本において企業や職場単位で労働者を組織した組合のすべてがそのような組織であるわけではありません。ごく少数とはいえ、

図表4-2-2　日本における労働組合組織率の推移

出所：厚生労働省『厚生労働白書』(2011年版)、および厚生労働省「労働組合基礎調査の概況」(2015年)

図表4-2-3　日本における労働争議件数・参加人員数の推移

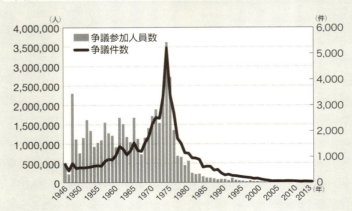

出典：厚生労働省「労働争議統計調査」(時系列表)(2015年)
出所：佐藤敬二『社会法資料集』
http://www.ritsumei.ac.jp/~satokei/sociallaw/labordisputes.html"

図表4-2-4　ストライキ決行中の労働組合（2015年7月全国一般東京東部労組全洋支部）

出所：『労働相談センター・スタッフ日記』
http://blog.goo.ne.jp/19681226_001/e/b00e62674a76cd27717b1012d822f791

いまだに経営者の立場からは自律的なビジョンや活動方針をもつ労働組合が、必要があれば多数の労働者の参加するストライキを構えて強力な交渉をおこなうという労使関係が健在である企業も確実に存在します。〔→**図表4-2-4**〕

さらに、企業別労組や産業別労組とは異なる形の労働組合である、「コミュニティ・ユニオン」や「個人加盟ユニオン」と呼ばれる労働組合もまた、ここ10数年の間にその存在が広く知られるようになり、日本の労働社会に定着してきました。こうした比較的新しい組織形態をとる労働組合がどのようなものであり、どのようにその機能を発揮しているかについては、3・4・5で詳しく見てみたいと思います。

〈兵頭淳史〉

[**参考文献**]
石川源嗣『労働組合で社会を変える』世界書院、2014年。
町田俊彦編『雇用と生活の転換』専修大学出版局、2014年。
東海林智『15歳からの労働組合入門』毎日新聞出版、2013年。

3 「クミアイ」と「ユニオン」は違うのか

●個別労働紛争と労働組合

日本では、労働者が企業単位で、多くは正社員だけを組織対象とする労働組合に加入する形態、すなわち企業別労働組合が最も一般的であることがよく知られています。ところが、1990年代あたりから、このような日本における「普通の」組織形態としての企業別労働組合とは大きく異なる性格をもった労働組合が注目されるようになります。1990年代のとくに後半以降、非正規雇用労働者の激増とあいまって、パワハラ・セクハラや職場のいじめ、突然の不当な解雇や一方的な賃下げといった形で、労働者が職場で孤立したまま使用者とのトラブルに直面する「個別労働紛争」の増加が深刻な社会問題となってきました[→**図表4-3-1**、**2**]。こうした紛争に巻き込まれた労働者にとって強い味方になる組織として注目されるようになったのが、企業別労働組合や産業別組織など、伝統的な労働組合とは異なった組織原理をもつ労働組合です。

こうした新しい労働組合の多くは、その名称に地域の名前を冠しています。そして、どのような会社・企業で働いているかにかかわりなく、どのような職種であるかにもかかわりなく、またどのような雇用形態であるかにもかかわりなく、その地域で働く労働者であれば誰でも相談に訪れ、さらには加入して組合員となることができます。

●「ユニオン」という名称

このような新しいタイプの労働組合には、固有名詞として「○○労働組合」と名乗るものもありますが、「□□ユニオン」という名称をもっている組織が多く見られることから、普通名詞としても「コミュニティ(地

図表4-3-1　個別労働紛争件数の推移

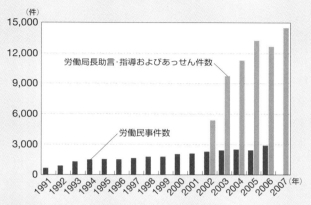

出所：呉学殊『労使関係のフロンティア』労働政策研究・研修機構、2012年

図表4-3-2　個別労働紛争の発生背景・理由

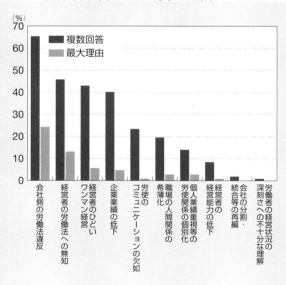

出所：同前

域)ユニオン」「個人加盟ユニオン」という呼び方が定着し、さらに省略して単に「ユニオン」と呼ばれることも多くなっています。

ところで、労働組合のことを英語ではlabor union（レイバー・ユニオン：米）、trade union（トレード・ユニオン：英）と呼び、日本で労働組合のことを単に「組合」と略して呼ぶように、英語でも「ユニオン」と言えば労働組合を指すことも多くあります。したがって、「労働組合」と「ユニオン」とは本来同じものを意味する言葉であり、実際、日本に伝統的な組織形態である企業別労働組合のなかにも、最近は「△△社ユニオン」といった名称をもつところも出てきています（たとえば「JR東海ユニオン」など）。

実際、学術的な文献などにおいては、「ユニオン」という用語で、企業別労働組合や産業別労働組合も含めた労働組合全般のことを指す場合もあります。ただ、先に述べたように、従来型の企業別や産業別の労働組合とは異なる、地域の労働者が誰でも加入できる「コミュニティ・ユニオン」「個人加盟ユニオン」と呼ばれる労働組合のことをとくに指して「ユニオン」と呼ぶ用語法は、労務管理の実務の世界における用語やマスコミ用語としてもかなり定着してきました。ともあれ、「ユニオン」という言葉を耳にしたり目にしたりしたときには、それが使われている文脈によく注意しながら、その意味を理解することが必要だと言えるでしょう。さしあたり本項では、以下、「ユニオン」という言葉を、新しいタイプの労働組合としての「コミュニティ・ユニオン」「個人加盟ユニオン」に限定した意味で使っていきましょう。

●コミュニティ・ユニオンの活動

前述したように、ユニオンの何よりの特徴は、雇われている企業、働いている職種や業種、正社員か非正社員か、といった雇用形態の違いなどにかかわらず、だれでも、一人でその門をたたいて相談をもちかけ、さらには加入できるというのが最大の特徴です。このような労働組合は日本以外の諸外国を見回しても、あまり例がなく、日本独自のユニークと言えます。では、こうしたユニオンは、どのように活動をお

172　第4章―ユニオンを活用する

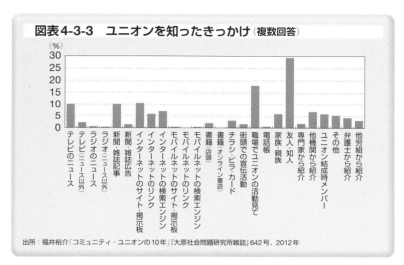

図表4-3-3 ユニオンを知ったきっかけ（複数回答）

出所：福井裕介「コミュニティ・ユニオンの10年」『大原社会問題研究所雑誌』642号、2012年

こなっているのでしょうか。ユニオンは、個別紛争に直面した労働者の強い味方として注目されていると述べましたが、具体的にはどのようにその紛争の解決に取り組むのでしょうか。

まず、職場で不当な処遇を受けたと感じた労働者は、地域のユニオンが開設している労働相談の窓口に相談することができます。その際、ユニオンにコンタクトをとる手段としては、直接の訪問だけではなく、電話やメールを利用することもできるユニオンがほとんどで、ほぼすべてのユニオンが、インターネット上でアクセス方法を公開しています[→**図表4-3-3**]。

そしてユニオンの側は、相談をもちかけた労働者から詳しく状況を聞き、使用者（会社）側に対して何らかの働きかけをおこなうことが、問題解決のために必要である、また効果があると判断されるときには、相談者に対して、ユニオンに加入し組合員になることを勧めます。相談者がそれに応じて組合員になると、ユニオンは使用者に団体交渉を申し入れます。

ここで、日本の労働法制が重要な意味をもってきます。日本の労働

組合法においては、全従業員中たった一人の組合員しかいないような、職場や企業のなかでどんな少数派の労働組合であれ、労働組合からの団体交渉の申し入れを拒否することはできず、誠実に交渉に応じる義務があります。団体交渉の申し入れを拒否したり、不誠実な態度で交渉に臨んだりすることは、不当労働行為として禁止されているのです。

　そして、このように労働者が孤立した状態で直面するトラブルや紛争の多くは、すでに見たように、使用者側の不法行為によって引き起こされています。そして労働者の側は、そうした使用者の行為が違法・不法なものであることを往々にして知らないか、たとえ知っていても、一人では心細くて抗議することもできず泣き寝入りすることを余儀なくされています。ところが、その労働者もユニオンの一員となり、ユニオンという組織の仲間や専門的知識をもったスタッフの支援を受けつつ、対等な立場で交渉することによって、会社に対して不法行為をやめさせることが可能となるわけです。

●コミュニティ・ユニオンの現況と課題

　こうしたユニオンは、現在全国に300団体ほど存在し、2万5000人以上の労働者を組織しています。その活動は全国紙やテレビでもたびたび取り上げられ、パート・アルバイト・派遣など非正規労働者や、中小企業など企業別労働組合の無い会社で働く社員、パワハラ・セクハラや退職勧奨を受けていながら、企業別組合に助けてもらえない社員などにとって、頼りになる存在として、すっかり社会的に認知され、定着してきたと言えるでしょう[→**図表4-3-4**]。

　しかし、こうしたコミュニティ・ユニオン特有の問題点について指摘する声もあります。それは、労働相談をきっかけとする個別紛争の解決、という機能がもっぱら前面に出ている限り、相談者としてユニオンに出会い問題解決にこぎつけた労働者は、トラブル解決と同時にユニオンを脱退する傾向が強く、組織になかなか定着しない、したがって、その活動が大きく注目されている割には組織がなかなか大きくならない、

174　第4章─ユニオンを活用する

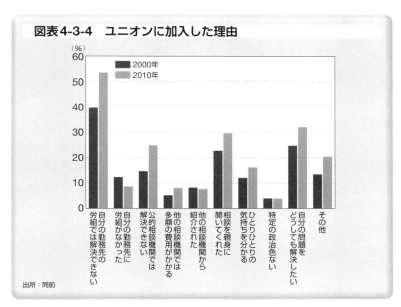

図表4-3-4　ユニオンに加入した理由

出所：同前

という点です。また、どんな少数派の労働組合であっても団体交渉権をもつ日本の独特な労働法制に依拠していることなどからくる、活動基盤の脆弱さを指摘されることもあります。

そのため、ユニオンのなかには、労働相談から個人の支援を、という活動だけではなく、伝統的な労働組合と同じように、職場のなかに多数の労働者を獲得して組織を拡大し、会社側と持続的な労使関係を築く、という活動もまた重視している組織もあります。

いずれにせよ、「ユニオン」と呼ばれる労働組合の存在は、今日の日本の労働社会を語るうえで欠くことのできない存在になっていると言えるでしょう。　　　　　　　　　　　　　　　　　　〈兵頭淳史〉

[**参考文献**]
呉学殊『労使関係のフロンティア』労働政策研究・研修機構、2012年。
遠藤公嗣編『個人加盟ユニオンと労働NPO』ミネルヴァ書房、2012年。
小谷幸『個人加盟ユニオンの社会学』御茶の水書房、2013年。

4 パワハラ・セクハラとユニオン

●パワハラ・セクハラが横行する職場

　パワハラ（パワー・ハラスメント）やセクハラ（セクシュアル・ハラスメント）など職場のいじめ・嫌がらせが増えています。パワハラは仕事上の地位や人間関係などを背景に精神的・身体的苦痛を受けることです。セクハラは職場での性的な言動への対応によって不利益を受けたり労働環境を害されたりすることです。

　NPO法人労働相談センターが2014年に受けた労働相談8268件のうち1775件（約22％）がパワハラの相談でした［→**図表4-4-1**］。年々右肩上がりに増え、それまで1位と2位を占めていた賃金や解雇に関する相談を抜いて初めてトップになりました。セクハラの相談は91件で過去最多の件数でした。

　図表4-4-2は、同センターに寄せられた具体的な相談事例ですが、まるで職場は無法地帯のようです。相談者の多くは精神的に追いつめられ、自殺に至った後に家族が相談に訪れるという最悪のケースもあります。相談者は大企業から中小企業まで、業種もさまざまです。中高年をリストラするために会社ぐるみでいじめるパターンもあれば、より立場の弱いパートや派遣などの非正規労働者や学生バイトがターゲットになる事例もあります。

　厚生労働省はパワハラの類型として、①暴行・傷害、②脅迫・名誉毀損・侮辱・ひどい暴言、③隔離・仲間外し・無視、④業務上明らかに不要なことや遂行不可能なことの強制、仕事の妨害、⑤業務上の合理性なく、能力や経験とかけ離れた程度の低い仕事を命じることや仕事を与えないこと、⑥私的なことに過度に立ち入ること、を挙げていま

図表4-4-1　主な相談内容の推移

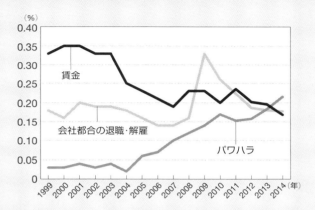

資料：NPO法人労働相談センター

図表4-4-2　職場におけるパワハラ・セクハラの相談事例

◆上司から取引先の接待の席で「髪の長さが気に入らない」とはさみで髪を切られ、顔に黒のペンで落書きをされ、体には女性の乳房を書かれ乳首を黒く塗りつぶされた。会社に訴えたが上司への罰はなし。結局はこちらが退職をさせられた

◆息子が会社で上司から9時間近く怒られた。その間、休憩も食事もとらせてもらえなかった。「もう仕事はしなくていい」とも言われたそう。やりすぎではないか

◆パート。少しでもミスをすると全社員の前で社長が「仕事が出来ない奴は辞めろ」と名指しで怒鳴られる。この頃はエスカレートして「死ね」「お前らはクズ」「犬以下だ」「お前らの親や学校の教育は全て間違いだ」と暴言を吐かれながら頭を叩かれたり、首を絞められたりする

◆勤続9年。上司から「なぜ辞めないのか。空気が悪い」と言われ、職場内でも集団によるいじめが始まり、仕事を取り上げられたり隔離されたりし、ついに適応障害となり、解雇された

◆派遣女性社員。派遣先の男性既婚社員が執拗に「好きだ」「可愛い」「飲みに行こう」「ホテルに行こう」と誘ってくる。このセクハラが嫌で嫌で堪らない。派遣元に報告したが、いまだ解決の道が見えてこない。心労は増すばかりだ

◆ファミレスでバイトを始めた大学生。パフェの盛り付け方でチョコレートシロップとカスタードクリームの順番を間違えた。店長から「もちろん君が弁償してくれるんだろうね」と責められた。何の教育も研修も行われていないのにミスの責任を一方的に押し付けられる

◆高校生、アパレルでアルバイト。夜、上司から携帯に電話がきて「月の予算が達成できない。一人6500円ずつ買えば達成できるので服を買って欲しい」というのです。前日に、すでに3000円の服を買わされていたので断ったら「来月どうなるかわかっているだろうな」「だからお前らは負け組なんだよ」と言われ、仕方なく買いました

◆上司のパワハラ。機嫌が悪いと無視やゴミ箱を蹴ってくる。仕事が遅れるとタイマーを設置してきて「鳴るまでに仕事を終わらせろ」と煽ってくる

◆社長の横暴。社長から数え切れないほど暴力を振るわれている。仕事のミスを理由に足を蹴られたり頭を壁にガンガンと叩きつけてきたり、みぞおちを殴ってくる。足の皮はむけ、頭はたんこぶができる。恐怖心でビクビクし、嘔吐し、ついに精神科に通院するようになった。

◆公務員。うつ病になったら、上司は面と向かって「クルクルパー」とみんなの前で笑いものにし「お前はわがまま病だ」「責任をとって辞めろ」と連発してくる

資料：図1に同じ

す。

　また近年急増している「会社を辞めたいのに辞めさせてくれない」という相談も職場のいじめと言えるでしょう。「仕事でミスをしたので損害賠償させる」「転職先に悪口を言いふらす」などと経営者から脅されて、退職する自由すら奪われている労働者が増えているのです。さらに、自社で販売している商品や仕事で使う物品を労働者に自腹で買わせる相談も目立ちますが、これも職場のいじめと言えます。「コンビニのアルバイト店員がクリスマスケーキ17個の販売ノルマを課せられて売れ残りを自腹で買わされた」といった相談もありました。

●労使関係のゆがみと職場のいじめ

　なぜ職場のいじめがこんなに横行しているのでしょうか。重要な原因のひとつとして考えられるのが、ほとんどの職場に労働組合がない、あっても機能不全をきたしているところが多いことです。経営者（上司）が圧倒的な力を持ち、労働者（部下）に対して理不尽な要求を押しつけ感情のままに罵倒する、他方で労働者は職場で無権利状態に置かれ、さらなる攻撃におびえ、ひたすら服従している、といった労使関係のゆがみが職場のいじめという形で噴出しているのです。

　労働者が同じ労働者に対して率先していじめるケースもあります。資本主義の世の中は自己利益を追い求める仕組みです。労働者同士であっても競争し、足を引っ張ったり抜けがけしたりして自分だけは生き残ることが正しい処世術だと教え込まれています。成果主義に追い立てられ、長時間労働で疲れて、職場はストレスが充満しています。そのうっぷんをより弱い立場の労働者にぶつけている事例も多くみられます。

●ユニオンによる職場いじめへの取り組み

　しかし、職場でいじめられている労働者が労働組合を頼るケースはあまり多くないようです。荒廃した職場に労働組合は無力なのでしょうか。そんなことはありません。以下はいずれも地域合同労組（ユニオン）のひとつである全国一般東京東部労働組合がいじめ問題に取り組んだ事例です。

①玩具などの営業会社で社長が労働者を金属バットで殴っているという相談がありました。この会社は3段ベッドがあるアパートの一室を社員寮と称して20代・30代の労働者数人を住み込みで働かせていました。一部の労働者は社長から殴る蹴るの暴行を受けていました。ノルマに達しない労働者は会社に損害を与えたという理由で借金を背負わされ、その額が数百万円にのぼる人もいました。被害者を含めた労働者4人で労働組合を結成し、社前抗議行動や労働委員会などの闘いを経て、

図説　労働の論点　**179**

借金は帳消しにさせたうえに未払い賃金などを取り戻して解決しました。

②新聞拡張商品の営業会社で、社長から「大馬鹿社員」「子供でもできる」「お前がいると会社が潰される」などと罵詈雑言を日常的に浴びせられていた労働者10人が労働組合を結成しました。社長は売上げが上がっていないとの理由で営業員の妻にまで念書を書かせたり、不良在庫となった映画チケットなどを自腹で購入させたりしていました。団体交渉で社長に謝罪させ、労働者が自腹を切った分を返金させました。

③協同組合で働いている女性4人は、一部理事から「あなたには不倫のうわさがある」といった言いがかりや、「お前は何様のつもりだ。職員ごときが思い上がるな」などのどう喝を受けていることで悩んでいました。個人的に交渉したところ逆に不当な降格や減給の処分を受け、職場で労働組合をつくることを決心しました。団体交渉で不当処分を撤回させるとともに、パワハラの加害者である理事をその後の役員選挙で落選させました。パワハラの実態を明らかにしたことで職場から加害者を放逐することに成功しました。

●**職場を変えてゆくために**

こうした事例をふまえれば、職場のいじめ問題の解決を図る上で留意しなければならないポイントは次のようになると言えます。

第一に、いじめを個人の問題とせず、労使関係が反映している問題として捉える観点です。労働相談でも多くの人がいじめを自分と相手との関係で完結した問題と思い込んでいます。しかしそこでは、我慢するか、退職するかという二者択一を迫られがちです。緊急避難的に「逃げる」ことを否定はしませんが、転職してもいじめにあわない保証はありません。労働環境と安全への配慮といった職場全体の問題として集団的労使関係の中で解決していくべきでしょう。

第二に、いじめられている労働者を同情や救済の対象ではなく、現実を変革する主体とみる視点です。いじめを目撃した同僚が加害者を

注意して、いじめ行為が一定止まったとしても被害者は弱いまま留め置かれます。被害者自らが不安や恐怖に打ち勝って加害者や会社に声をあげることこそが根本的な解決です。

　第三に、被害者と他の同僚が団結することの重要性の認識です。いじめ問題で労働組合をつくった経験のうち、全員が被害にあっていたという場合もありますが、多くの場合が被害者と直接被害にはあっていない労働者とがつながったケースです。いじめを傍観したり他人事としたりせず、被害者を励まし支え、ともに怒る仲間の存在は欠かせません。「ひとりはみんなのために、みんなはひとりのために」というスローガンは労働組合の原点です。労働組合は、賃上げや時短とともに、職場のいじめ撲滅を要求の柱にすえることが求められています。

　最後に、いま職場でいじめにあっている人がいれば、その苦しみや痛みを理解・共感してくれるよう同僚に働きかけ、労働組合づくりを呼びかけてください。同じ職場で無関係な人はひとりもいません。その取り組みが職場を変える一歩になります。　　　　　　　　〈須田光照〉

[**参考文献**]
笹山尚人『それ、パワハラです　何がアウトで、何がセーフか』光文社新書、2012年
溝上憲文『辞めたくても、辞められない!』廣済堂新書、2014年。
樫田秀樹『自爆営業』ポプラ新書、2014年。

5 若者たちと ユニオン

●「ゆとり世代」が問題だ?!

　器用にふるまえない、声をあげられない若者たちが「ゆとり・さとり世代」と揶揄されることがあります。またそれは「日本人特有の気質」と解釈されることもしばしばです。しかし日本の若者たちの"不器用さ"を、"世代"や"文化"などの議論にすり替えてしまってよいのでしょうか。

　いま政策的に不安定な働かされ方が増やされ、若者の2人に1人は非正規雇用など不安定な働き方を余儀なくされています[→**図表4-5-1**]。これは個人の努力や能力では乗り越えられない社会構造的な問題です。職場を渡り歩く非正規労働者にとっては、あちこちの仕事先の仕事内容・人間関係に即座に対応できることが働くうえ、生きるうえでの「標準スペック」とされ、多くの職場では"器用さ"が過剰に要求されています[→**図表4-5-2**]。

　その一方で、正社員の労働者には、当然のことながら非正規雇用労働者以上の"器用さ"が求められます。それは同じ仕事をしているにもかかわらず、自分の半分の賃金や低待遇で働く非正規労働者が同じ職場に存在するからです。非正規を上回る"稼ぎ"と、"効率よく"利潤拡大に貢献することを、正社員は強く要求されているわけです。

　企業が望む結果に応える単純な自己証明は、「長時間・過密労働」です。残業代を請求しなかったり休みを取らなければ、なおよいでしょう。いわば「社畜」的な働き方が職場における「規範」となり、労働市場はこうして荒廃していくのです。

　若者が直面している困難や生きづらさが、実際にはさまざまな社会

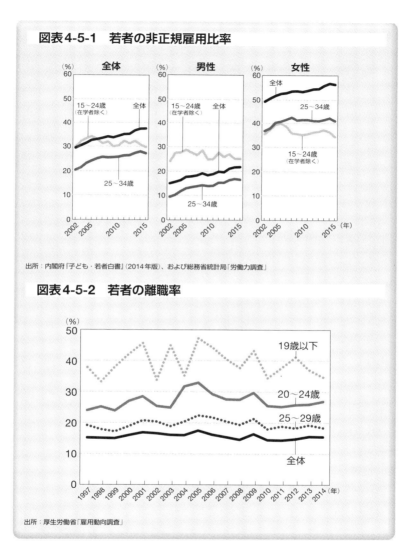

図表4-5-1　若者の非正規雇用比率

出所：内閣府『子ども・若者白書』（2014年版）、および総務省統計局「労働力調査」

図表4-5-2　若者の離職率

出所：厚生労働省「雇用動向調査」

的要因からくるものだったとしても、「器用に生きなければならない」という規範が社会的に強制されているために、たとえ生活がおびやかされても、「助けて」と言えず、だれかに頼ることを「恥」と考える傾向が

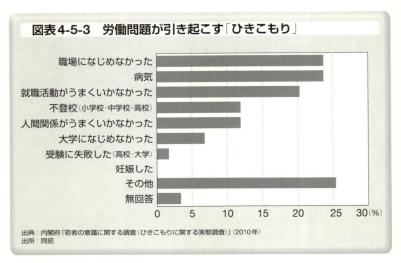

出典：内閣府『若者の意識に関する調査（ひきこもりに関する実態調査）』(2010年)
出所：同前

まん延しています。

　点数や順位をつけられ、競争主義的環境のなかに浸ってきた若者たちは、客観的に見たら「それ、おかしくない？」「なんとかしようよ」と思うことであっても、「大丈夫です」と、自分で抱え込んでしまってまわりに頼れない。あきらかに追いつめられていたり、ひとりの力ではその状態から脱出できないにもかかわらず、「こうなったのも自分の責任なんで、なんとかします」といった気持ちを強くもち、「自分が不器用だから悪いのだ」と思い込まされ、感情を押し殺している状況です[→**図表4-5-3**]。

● **「若者のユニオン」という可能性**

　困っていても、それをうまく「表現」できない。これはとりわけ、助けあいを本質とする労働組合運動にとっては大きな問題となります。「たたかえ」「たちあがれ」と若者たちに迫ったところで、まるで噛みあわないからです。したがって、「表現」しづらい、声を出しにくいのであれば、少しでも声が出せる場、声の出し方を実践的に学ぶ、いわば「発声練習の場」をつくることが求められていると言えるでしょう。そう

した場を通じて、この国の働き方に関わる問題を鋭く問うていく必要があります。

たとえば、筆者が所属する「首都圏青年ユニオン」が基本としているのは「組合員全員参加型」というスタイルです。会社との交渉、裁判などの傍聴、学習会や集会参加などの行動はメールですべての組合員に声をかけ、生活が困窮している組合員には基本的に交通費を支給する。するとみんなが応援にくる。交渉前に毎回打ち合わせをし、終った後にはみんなで感想を出し合い、交流をする。そして当事者も参加者も、参加できなかった組合員にむけて感想メールを流して共有する。

応援に駆けつけた組合員は、声を上げずに交渉を見守るだけであっても、当事者にとっては、自分のために、（時には仕事まで休んで）来てくれただけでうれしい。参加者も、当事者から感謝されるだけでなく「自分がここにいることでこのたたかいに勝ったのだ」「なにか役に立てたかもしれない」と感じる。「自己責任」に押し込められてきた若者が、「まんざらでもない」自分と出会う瞬間です。

こうしたことは単なる机上の学習では得られません。一つひとつ、不当解雇や賃金不払いなどの違法行為とのたたかいで、「小さくても勝つ」という経験を自らくぐることによって生まれてくるのです。こうした小さな積み重ねを通じて「声をあげれば変えられる」「人に頼っていいのだ」という感覚は取り戻せるのです。

組合に加入し「組織化」されることは、自分以外の他者の存在を知ることでもあります。現代の若者たちも、組織化され、ひとりではなく、「それっておかしくない？」と指摘しあえるような、ともに支え合う仲間をもつことによって、個別化された自分の生きづらさや、自分の抱えている困難が「自己責任」によるものではなく、社会的、構造的な問題であるということに目を向けていけるのではないでしょうか。

そしてこういった体験が自らのなかに蓄積されていくことは、「自分たちが主体的に動けば少しずつ社会が変わる」という意識を醸成するこ

図説　労働の論点　　185

とにもつながります。他者とつながることが、前向きな変化を起こせるのだという深い実感を生み出すわけです。「自分の職場は変わらない」「政治は変わらない」という無力感を、「誰か」にお任せしてひっくり返してもらうのではありません。違法な行為に対しては、仲間に支えられながら丁寧にたたかえば、時間がかかろうとも必ず勝つことができます。そうした経験が、自分が遭遇している困難さが、実は社会の構造によって生み出されていることを実感させてゆくことになります。そしてこうした反復により、たたかう力が醸成され、無力感が克服されてゆくのです。このように、奪われた「憤り」の感覚は、仲間とたたかうことによってこそ、取り戻せるのです。そして、小さくても"勝つ"ことが、次なるたたかいの動機となってゆくでしょう。[→**図表4-5-4**]。

●職場で「声」をとりもどそう

　都内のジャズバーでアルバイトとして働いていた大学生は、生理痛がつらくて休みを取りました。彼女はその翌日、オーナーに呼び出され、職場の一人ひとりに「生理で休んでごめんなさい」と謝罪することを強要されたそうです。「今後は何があろうが2度と休めないと思ったし、深く傷つきました」と話していました。

　このようにバイト先でおかしなことがあっても、声をあげれば店長や先輩、同僚たちとの関係が悪くなったり、シフトを干されたりクビになるかもしれません。仮に法的知識があってそれを職場で行使しようとしても、多くの職場ではそれは暴力的に許されません。

こうした理不尽なことに遭遇する日常が当たり前であれば、声をあげることによって、自分の生活どころか世の中がよくなるなどといったイメージは、ますます持てなくなるでしょう。若者たちの多くは「あきらめ」の日常に慣らされています。

　しかし、自分が「おかしい」と感じた職場で、何も行動せずに辞めてしまえば、それは"だれか"に引き継がれ、「おかしいこと」が放置されるだけではなく、より悪い形で拡大・再生産されていきます。考えな

図表4-5-4　高校生ユニオンの団体交渉

いようにしても政治や社会は私たちを放っておいてはくれません。「声をあげること」ができるのは、生まれ持った能力ではなく、経験によるものです。そして声をあげる「発声練習の場」を身近なものとしてゆくことで、「あきらめ」にとらわれずに何かしてみようと思える若者たちも増えてゆきます。

　労働法は私たちを自動的に守ってくれているわけではありません。「自分(たち)の身は自分(たち)で守る」という姿勢が必要なのです。「あきらめ」ではなく何かを前向きに変えるといった経験を目指していける場は、多くの若者たちに求められています。

　労働組合(ユニオン)は2人で結成できます。ひとりで心細いのならば、同じ働く仲間でつながることができます。たとえ自分の声を忘れていても、職場であなたの声を取り戻し、もっとも上手な声のあげ方を教えてくれるのが労働組合(ユニオン)なのです。

〈神部 紅〉

[参考文献]
河添誠「非正規労働者の組織化と労働運動の課題」中村浩爾・寺間誠治編『労働運動の新たな地平』かもがわ出版、2015年。
東海林智『15歳からの労働組合入門』毎日新聞社、2013年。

6 労働組合は どのように 生まれたのか

●労働組合誕生の背景

　労働組合は、資本主義システム発祥の地、イギリスで最初に登場しました。資本主義を生んだ歴史的事件である、18世紀末から19世紀にかけての産業革命のプロセスにおいて、人が道具を使っておこなう生産活動は、機械による生産にとってかわられます。そうしたなかで大量の賃金労働者が生まれてくるのですが、それは、健康を損ない生命を削るほどの長時間労働や、著しい低賃金、不安定な雇用といった状況が現れるのと同時進行のプロセスでもありました。中〜下層労働者の賃金は、エンゲル係数が70〜90％を超える生存ぎりぎりの生活しか営めないような水準であり、労働時間は14〜15時間が当たり前、3日間昼夜連続で働かせられるようなこともありました。児童労働は普通のことで、児童の深夜労働も横行、労働者の死亡率は極めて高く、世代を経るごとに体位は低下してゆきます。労働者は全くの無権利状態におかれていたのです。

●自然発生的抵抗から恒常的な組織へ

　こうした状況のなかで、労働者の自然発生的な抵抗も始まります。なかでも、初期資本主義における集団的な抵抗として激しくおこなわれたのが、機械打ち壊し運動でした。労働者たちは、古くからの熟練工の仕事を奪い、労働者たちに低賃金や過度労働、社会的紐帯の破壊をもたらした、新しい資本主義の象徴としての機械を、集団で打ち壊す運動を展開したのです。

　しかし、このような暴動的な運動はやはり長続きするものではありません。イギリス政府の厳しい弾圧もあいまって、19世紀はじめにはこ

188　第4章—ユニオンを活用する

のような機械打ち壊し運動は終息してゆきます。それにかわって、労働者の抵抗の手段として表舞台に登場してくるのが、入職規制やストライキ・団体交渉などを武器として要求の実現をはかる、労働者の恒常的な組織、労働組合だったのです [→**図表4-6-1**]。

　労働組合もその起源をたどれば18世紀にさかのぼることができます。このころも、とくに成人男性の労働者たちにとって、きつい仕事が終わったあとの数少ない楽しみは、仲間と居酒屋(パブ)に集まり、酒を飲むことでした。そこでビールを飲みながら、労働者たちは暮らしの不安や経営者への不満をはじめ、さまざまなことを語り合います。こうしたなかから、仲間がケガや病気になったときや失業したときのための、労働者同士の相互扶助の組織も生まれます。こうした相互扶助組織や、ストライキのための組織が発展し、労働組合が形成されてきました。

　こうした労働組合結成の動きに対して、当時の政府は厳しい弾圧姿勢で臨みます。その象徴と言えるのが、18世紀末に制定された「団結禁止法」で、これによって、労働条件の維持や引き上げを目的として労働者が組織を作ることそのものが、犯罪として取り締まりの対象とされたのです。

　しかし、このような状況のもとでも、労働組合の組織化や運動は消えてしまうことはありませんでした。労働者たちは団結禁止法による弾圧のもとでも秘密裏に、あるいは公然と組織化やストライキを展開し、その一方で、政府・議会に対して団結禁止法の撤廃を要求する運動をも進めました。そうした運動の成果もあり、イギリスの団結禁止法は19世紀前半中には廃止され、労働組合そのものは自由に結成できるようになりましたが、その後も、ストライキは刑罰や損害賠償の対象となる、という状態は維持されます。

　イギリスの労働者はこうした法制度のあり方にも粘り強く異議申し立ての運動を続け、ようやく20世紀初頭には、労働組合の活動に対しては刑事的・民事的責任は問われないという状況が勝ちとられました。

図表4-6-1　労働組合史略年表

1760頃	イギリスで産業革命始まる
1775	イギリス・ロンドン王立造船所のストライキ
1789	フランス革命
1799	イギリスで団結禁止法制定
1800頃	イギリスで機械打ち壊し運動本格化
1824	イギリスの団結禁止法廃止
1868	イギリス労働組合会議（TUC）結成
1886	甲府・雨宮製糸場でストライキ。アメリカ労働総同盟（AFL）結成
1889	大阪・天満紡績でストライキ
1895	フランス労働総同盟（CGT）結成
1897	労働組合期成会結成。鉄工組合結成。この後、労働組合の結成相次ぐ。
1900	治安警察法公布
1905	アメリカで世界産業労働組合（IWW）結成
1908	三菱長崎造船所ストライキ
1911	工場法(日本最初の労働者保護法制)公布
1912	友愛会(親睦・共済・修養を通じて労働者の地位改善を図る組織)結成
1914	第一次世界大戦勃発
1917	ロシア革命
1918	米騒動
1919	全ドイツ労働総同盟（ADGB）発足
1920	第1回メーデー(日本)
1921	友愛会、日本労働総同盟(総同盟)に改称。労働組合中央組織へと完全に脱皮。
1924	イギリスで初の労働党政権誕生
1925	総同盟第1次分裂、左派が日本労働組合評議会(評議会)結成 治安維持法成立。普通選挙法成立
1926	総同盟第2次分裂、中間派が日本労働組合同盟結成。浜松日本楽器ストライキ
1929	ニューヨーク株式市場大暴落、世界恐慌はじまる
1931	満州事変
1933	ドイツでヒトラーのナチス政権樹立。ナチス労働戦線結成、労働組合は解散
1937	日中戦争勃発。アメリカ・ゼネラルモータース工場で大規模座り込みスト
1938	国家総動員法成立。アメリカ産業別労働組合会議（CIO）結成
1939	第二次世界大戦勃発
1940	大日本産業報国会発足、全労働組合解散へ
1941	日本、対米英開戦

1945	ドイツと日本、米英中ソなど連合国に降伏。第二次世界大戦終結
	世界労連結成
	占領軍(連合国軍)による日本の民主化改革開始。
	全日本海員組合をはじめ労働組合の結成相次ぎ、読売新聞、京成電鉄
	などを皮切りに労働争議も頻発。
	労働組合法制定
1946	日本労働組合総同盟(総同盟)、全日本産業別労働組合会議(産別会議)結成
	10月闘争、製造業・電力産業などで大規模ストライキ。大幅賃上げな
	ど獲得

ここに、現代的な意味での労働組合の自由が成立したのです。ちなみに、この労働組合活動に対する刑事免責・民事免責は、日本の労働組合法においても明記され、世界における普遍的な原理として確立しています。

●日本における労働組合の誕生と苦闘

その日本における労働組合の誕生は、イギリスで労働組合が登場してから約1世紀後の、19世紀末のことでした。このころ、明治維新や日清戦争などを経て、日本でも近代的な産業資本主義が確立してきますが、そこで働く労働者の厳しい状況も顕在化してきて、さまざまな労働問題が噴出してきます。そんななか、1886年、甲府にある雨宮製糸の女工100名が待遇改善を求めて近くの寺に立てこもります。これが日本で最初のストライキとされていますが、これを皮切りに、日本でもストライキという形をとった労働者の抵抗が頻発するようになります。こうした情勢を背景として、アメリカから帰国した高野房太郎・片山潜らを中心に、1897年に結成されたのが、労働者に対して労働組合の意義を伝え、その結成をすすめることを目的とした組織「労働組合期成会」でした[→図表4-6-2]。そしてこの労働組合期成会の成立を契機として、機械工の組織した鉄工組合、鉄道労働者の組合である日鉄矯正会、印刷工による活版工組合など、19世紀末の日本には次々に労働組合が結成されていったのです。

しかし、専制的な当時の日本政府は、こうした初期の労働組合運動に対して、厳しい抑圧的な政策でのぞみます。とくに1900年に成立し

図説 労働の論点　191

図表4-6-2　労働組合期成会鉄工組合創立委員

出所：法政大学大原社会問題研究所編『日本の労働組合100年』旬報社

た治安警察法は、「労働組合死刑法」と呼ばれるほど、労働組合運動への徹底的な弾圧立法として機能しました。こうした政策のもとで、鉄工組合など最初期の労働組合は、20世紀初頭までにはいずれも解散に追い込まれます。

　ただこうした抑圧的な政策が実施され、労働組合運動にとって厳しい状況が続くなかでも、労働者の組織的な抵抗・要求運動は断続的にではあれ発生していました。1911年における東京市電ストライキなどはそのもっとも顕著な事例のひとつです。

　そして、日露戦争・第一次世界大戦を経るなかで、日本資本主義は帝国主義的な性格を強めつつ、重化学工業の発達をともないながら発展してゆきます。他方で第一次世界大戦後には「大正デモクラシー」とよばれる自由主義的な社会的風潮が広がり、かつロシア革命が世界の労働運動に大きな刺激を与え、日本にもそのインパクトが及びます。こうして、1910年代の終わりごろから労働組合の運動は再び活性化してくるのです。労働組合の全国組織も結成され、1920年代半ばには、

右派の日本労働総同盟、左派の日本労働組合評議会、中間派の日本労働組合同盟と三つに分立しつつ、それぞれ活発に運動を展開します。

しかしながら、政治権力による弾圧は、日本の労働組合に再び厳しい試練を与えることになります。1925年に成立した治安維持法は、とくに左派労働組合に対する厳しい弾圧の手段となり、日本労働組合評議会は1928年に解散させられました。さらに1930年代からは戦時体制が構築されてゆくなかで、労働組合への抑圧はますます強まり、1940年にはほぼすべての労働組合が、軍国主義政府によって解散させられました。

日本において労働組合が復活するのは、第二次世界大戦の敗戦後のことでした。そして敗戦に続く占領下での民主化改革の一環として労働組合法が制定され、労働組合は初めて政策当局によって積極的に法認されます[→**図表4-6-3**]。こうした歴史的なプロセスを経て、日本の労働組合は、多くの「普通」の労働者が日常的にかかわりを持ちうる組織、さらには労働条件の決定や政策決定において重要な役割を担うプレーヤーという今日的な位置を築いてきたのです。　　　〈兵頭淳史〉

図表4-6-3　戦後初期の全国組織・産別会議のポスター（1948年）

出所：大原デジタルミュージアム http://oohara.mt.tama.hosei.ac.jp/museum/

[参考文献]
浜林正夫『イギリス労働運動史』学習の友社、2009年。
法政大学大原社会問題研究所編『日本の労働組合100年』旬報社、1999年。

おわりに
──ディーセントな働き方が未来を拓く

　今世紀の初めに、子ども達が仕事・職業について考えるための手引としてベストセラーになった『13歳のハローワーク』(村上龍著、はまのゆう画、幻冬舎刊、2003年)という本があります。そのなかで著者の村上龍は次のようなことを述べています。

　「この世の中には2種類の人間・大人しかいない……自分の好きな仕事、自分に向いている仕事で生活の糧を得ている人と、そうではない人のことです。……自分に向いた仕事は決して辛いものではありません」。そしてその例証として「わたしは1日に12時間原稿を書いて、それを何ヵ月も、何年も続けても平気です。それは、小説を書くことが、わたしにぴったりの仕事だからです」と言い、「その人に向いた仕事、その人にぴったりの仕事というのは、誰にでもあるのです」と説きます。

　しかし、残念ながら、現実の世界における「仕事」「働くこと」をめぐる状況は、このようなナイーブなものではありません。確かに、「好きなことを仕事にしている」人は少なからず存在します。また働くこと、仕事をすることはしばしば、単に生活の糧をえるための営みというだけではなく、生きる目的や張り合い、誇りを与えるものでもあります。

　しかし、現代社会における大多数の人は、雇用労働、つまり、他人や会社と契約関係を結び、賃金と引き換えにその指揮・命令の下で働く、という働き方を選ばざるをえません。ベストセラー作家である村上龍のような人とは異なり、多くの人々は、雇用労働というあり方の下で、雇主や上司に命じられ与えられた仕事を、好むと好まざるとにかかわらず、こなさなければなりません。それはまさに「生きるため」「生活するため」にやむをえない営みでもあり、しかしそれでも、そうした働き方

のなかで、人々はたとえささやかなものであれ「やりがい」や「喜び」を見出すことを模索しながら、仕事を通じて社会に貢献し、参加もするわけです。

　ところが、働くことが生活を保障し生きる喜びをもたらすどころか、激しく長時間にわたる労働や低賃金による貧困な暮らしが、生活の基盤や生命も危機に陥れる、といったことが、近代以降の資本主義社会ではしばしば起こってきました。20世紀における労働政策の展開や福祉国家、あるいは福祉社会の形成によって、そうした状況は過去のものとなった、という考え方もありました。しかし、1980年代、「バブル景気」真っ只中にあった日本で浮上した過労死問題は、資本主義経済における労働や仕事をめぐるそうした問題が決して過去のものではないことを浮き彫りにしました。そして、1990年代以降進展する、雇用不安をともなうさらなる労働条件の悪化を通じて、労働問題はますます深刻さをましていることは、本書全体を通じてみてきたところです。

　さらに、1999年にILOで「まともな働き方」（ディーセント・ワーク＝Decent Work）が目標として採択されたことは、そうした労働問題が、決して日本だけの問題ではなく、程度や濃淡、性格の違いはあれ、「新自由主義」と言われる、グローバルな市場原理の突出と福祉国家的な社会政策の後退の下で、世界に共通した課題となりつつあることを示していると言えるでしょう。

　「労働」をめぐる諸現象・諸課題について学ぶこと、それは、自分たちの生活や健康を守り向上させる実学であると同時に、現代の経済・社会の本質的課題に迫り、よりよい未来を拓くことにもつながる、意義深い取組みです。本書が、その入門として、学生や一般のみなさんの学びにささやかにでもお役に立てれば幸いです。　　　　〈兵頭淳史〉

［編著者紹介］

高橋祐吉（たかはし・ゆうきち）
1947年に埼玉で生まれ、福島で育つ。東京大学経済学部卒業。(財)労働科学研究所研究員を経て、現在、専修大学経済学部教授。専門は労働経済論。著書に『企業社会と労働組合』(1989年)、『企業社会と労働者』(1990)、『労働者のライフサイクルと企業社会』(1996年)、『現代日本の労働問題』(1999年、いずれも労働科学研究所出版部刊)、『現代日本における労働世界の構図』(旬報社、2013年)など。[**はじめに、第1章1〜3、5、6**]

鷲谷 徹（わしたに・てつ）
1948年愛知県生まれ、東京育ち。東京大学経済学部卒業。東京都庁職員、(財)労働科学研究所研究員・研究部長等を経て、現在、中央大学経済学部教授。社会政策専攻。著書に『変化の中の国民生活と社会政策の課題』(編著、中央大学出版部、2015年)、『日本社会の再編成と矛盾』(共著、大月書店、1997年)、『技術革新と労働の人間化』(共著、労働科学研究所、1989年)など。[**第3章1〜6、10**]

赤堀正成（あかほり・まさしげ）
1967年東京生まれ。一橋大学大学院社会学研究科博士課程単位取得退学。現在、専修大学社会科学研究所客員研究員。専門は労働経済論、労働社会学。著書に『新自由主義批判の再構築』(共編著、法律文化社、2010年)、『現代労働問題分析』(共著、法律文化社、2010年)、『戦後民主主義と労働運動』(御茶の水書房、2013年)など。[**第1章4、第2章1、3、4、6、第3章7〜9**]

兵頭淳史（ひょうどう・あつし）
1968年大阪生まれ。九州大学大学院法学研究科博士課程単位取得退学。現在、専修大学経済学部教授。専門は労働問題・社会政策。著書に『現代労働問題分析』(共編著、法律文化社、2010年)、『新自由主義と労働』(共著、御茶の水書房、2010年)、『ワークフェアの日本的展開』(共編著、専修大学出版局、2014年)など。[**第3章11、第4章1〜3、6、おわりに**]

［執筆者］

石井まこと（いしい・まこと）大分大学経済学部教授［**第2章2、5**］
須田光照（すだ・みつてる）全国一般東京東部労働組合書記長・NPO法人労働相談
センター副理事長［**第4章4**］
神部 紅（じんぶ・あかい）首都圏青年ユニオン委員長［**第4章5**］

図説 労働の論点

2016年5月10日　初版第1刷発行

編者─────────高橋祐吉＋鷲谷 徹＋赤堀正成＋兵頭淳史
ブックデザイン────宮脇宗平
発行者─────────木内洋育
発行所─────────株式会社旬報社
　　　　　　　　　〒112-0015 東京都文京区目白台2-14-13
　　　　　　　　　TEL：03-3943-9911　FAX：03-3943-8396
　　　　　　　　　ホームページ：http://www.junposha.com/
印刷・製本───────中央精版印刷株式会社

©Yukichi Takahashi, *et al.* 2016, Printed in Japan.
ISBN978-4-8451-1462-7